Nicole Laudut

Verbtabellen
Französisch

Die wichtigsten regelmäßigen und unregelmäßigen Verben im Überblick

Hueber Verlag

7. 6. 5. | Die letzten Ziffern
2025 24 23 22 21 | bezeichnen Zahl und Jahr des Druckes.
Alle Drucke dieser Auflage können, da unverändert, nebeneinander benutzt werden.
1. Auflage

Umschlaggestaltung: creative partners gmbh, München
Fotogestaltung Cover: wentzlaff | pfaff | güldenpfennig kommunikation gmbh, München
Coverfoto: © Matton Images/StockByte
Layout: Satz+Layout Fruth GmbH, München
Redaktion: Jürgen Frank, Hueber Verlag, Ismaning
Druck und Bindung: Friedrich Pustet GmbH & Co. KG, Regensburg
Printed in Germany
ISBN 978-3-19-007901-8

Art. 530_01487_001_05

Inhalt

Vorwort

Verbtabellen Französisch bietet die wichtigsten regelmäßigen und unregelmäßigen Verben zum Lernen und Nachschlagen. Das Werk richtet sich an Französischlernende aller Stufen, vom Anfänger bis zum Fortgeschrittenen. Es eignet sich zum Selbststudium, kann aber auch kursbegleitend eingesetzt werden.

Verbtabellen Französisch ist **übersichtlich** gestaltet. Jedem Musterverb ist eine eigene Seite gewidmet, auf der **umfassend** alle Zeiten des Verbs – einfache und zusammengesetzte – dargestellt werden.

Verbtabellen Französisch enthält **76 Musterkonjugationen der wichtigsten regelmäßigen und unregelmäßigen Verben**. Hinzu kommt je eine Tabelle zur Konjugation der **reflexiven Verben** und zur Bildung der **Passivformen**. Das Werk bietet außerdem die Konjugation unpersönlich gebrauchter sowie defektiver Verben.

Verbtabellen Französisch bietet darüber hinaus:
- Eine Übersicht über die wichtigsten **grammatischen Fachbegriffe** im Französischen und Deutschen.
- Eine **Einführung in die Grundlagen des Verbs** mit Hinweisen zum Gebrauch aller Zeitformen mit Beispielsätzen und deutscher Übersetzung.
- Nützliche **Lerntipps** zum effizienten und gezielten Üben der Verbformen.
- Ein **alphabetisches Verbregister** mit über 1 000 regelmäßigen und unregelmäßigen Verben, jeweils mit Hinweis auf das richtige Hilfsverb, mit Verweis auf das Konjugationsmodell und mit deutscher Übersetzung.

Hinweise zum Gebrauch der Verbtabellen

Die Verbtabellen sind in 10 Hauptkapitel aufgeteilt:

1	Hilfsverben	6	Unregelmäßige Verben
2	Modalverben	7	Reflexive Verben
3	Regelmäßige Verben auf *-er*	8	Passivkonjugation
4	Regelmäßige Verben auf *-ir*	9	Unpersönliche Verben
5	Regelmäßige Verben auf *-re*	10	Defektive Verben

Erklärung des Aufbaus der Verbtabellen:

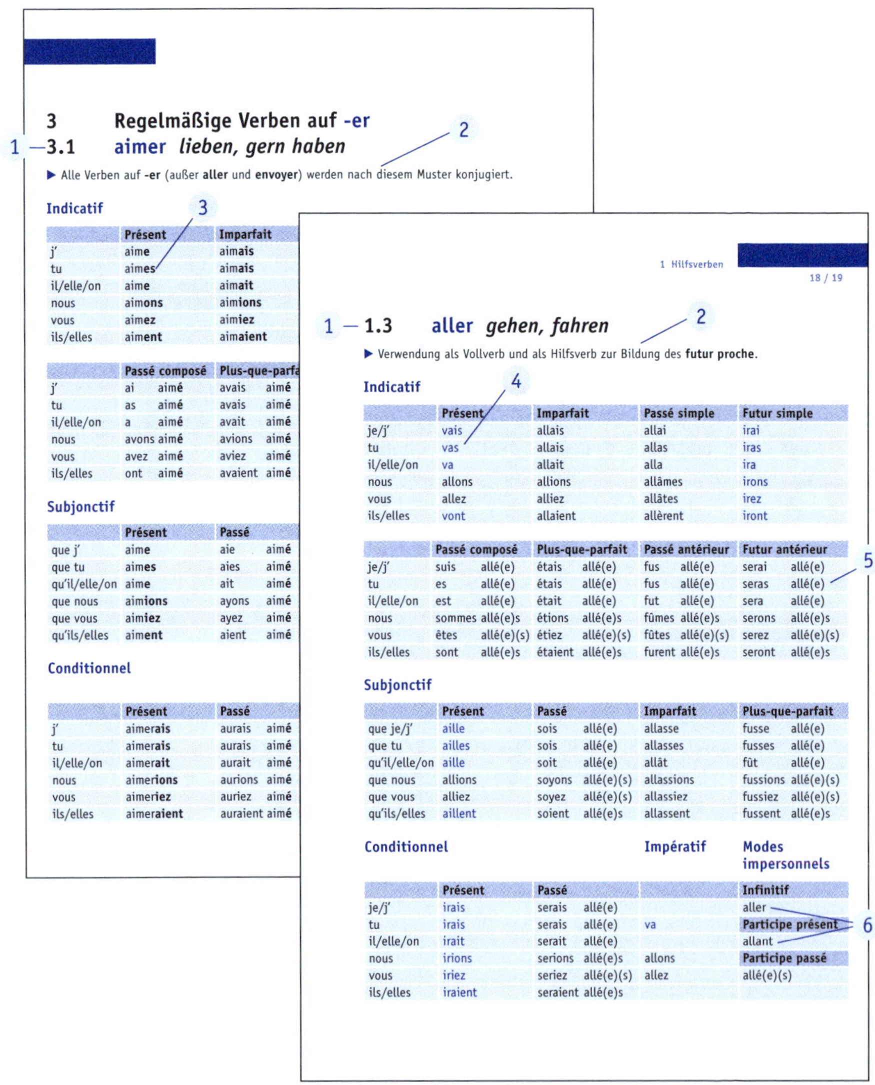

3 Regelmäßige Verben auf -er

1 — **3.1 aimer** ***lieben, gern haben*** (2)

▶ Alle Verben auf **-er** (außer **aller** und **envoyer**) werden nach diesem Muster konjugiert.

Indicatif (3)

	Présent	Imparfait
j'	aime	aimais
tu	aimes	aimais
il/elle/on	aime	aimait
nous	aimons	aimions
vous	aimez	aimiez
ils/elles	aiment	aimaient

	Passé composé	Plus-que-parfa…
j'	ai aimé	avais aimé
tu	as aimé	avais aimé
il/elle/on	a aimé	avait aimé
nous	avons aimé	avions aimé
vous	avez aimé	aviez aimé
ils/elles	ont aimé	avaient aimé

Subjonctif

	Présent	Passé
que j'	aime	aie aimé
que tu	aimes	aies aimé
qu'il/elle/on	aime	ait aimé
que nous	aimions	ayons aimé
que vous	aimiez	ayez aimé
qu'ils/elles	aiment	aient aimé

Conditionnel

	Présent	Passé
j'	aimerais	aurais aimé
tu	aimerais	aurais aimé
il/elle/on	aimerait	aurait aimé
nous	aimerions	aurions aimé
vous	aimeriez	auriez aimé
ils/elles	aimeraient	auraient aimé

1 — **1.3 aller** ***gehen, fahren*** (2)

▶ Verwendung als Vollverb und als Hilfsverb zur Bildung des **futur proche**.

Indicatif (4)

	Présent	Imparfait	Passé simple	Futur simple
je/j'	vais	allais	allai	irai
tu	vas	allais	allas	iras
il/elle/on	va	allait	alla	ira
nous	allons	allions	allâmes	irons
vous	allez	alliez	allâtes	irez
ils/elles	vont	allaient	allèrent	iront

	Passé composé	Plus-que-parfait	Passé antérieur	Futur antérieur
je/j'	suis allé(e)	étais allé(e)	fus allé(e)	serai allé(e)
tu	es allé(e)	étais allé(e)	fus allé(e)	seras allé(e) (5)
il/elle/on	est allé(e)	était allé(e)	fut allé(e)	sera allé(e)
nous	sommes allé(e)s	étions allé(e)s	fûmes allé(e)s	serons allé(e)s
vous	êtes allé(e)(s)	étiez allé(e)(s)	fûtes allé(e)(s)	serez allé(e)(s)
ils/elles	sont allé(e)s	étaient allé(e)s	furent allé(e)s	seront allé(e)s

Subjonctif

	Présent	Passé	Imparfait	Plus-que-parfait
que je/j'	aille	sois allé(e)	allasse	fusse allé(e)
que tu	ailles	sois allé(e)	allasses	fusses allé(e)
qu'il/elle/on	aille	soit allé(e)	allât	fût allé(e)
que nous	allions	soyons allé(e)(s)	allassions	fussions allé(e)(s)
que vous	alliez	soyez allé(e)(s)	allassiez	fussiez allé(e)(s)
qu'ils/elles	aillent	soient allé(e)s	allassent	fussent allé(e)s

Conditionnel | **Impératif** | **Modes impersonnels**

	Présent	Passé		Infinitif
je/j'	irais	serais allé(e)		aller
tu	irais	serais allé(e)	va	**Participe présent** (6)
il/elle/on	irait	serait allé(e)		allant
nous	irions	serions allé(e)s	allons	**Participe passé**
vous	iriez	seriez allé(e)(s)	allez	allé(e)(s)
ils/elles	iraient	seraient allé(e)s		

1 Die **Nummerierung** vor dem Verb hilft Ihnen, die im französisch-deutschen Verbregister aufgelisteten Verben dem jeweils passenden Konjugationstyp zuzuordnen.

2 Hier finden Sie **Hinweise zu Besonderheiten und/oder Unregelmäßigkeiten** des Musterverbs.

3 Die **Endungen** der regelmäßigen Musterverben sind **fett markiert.**

4 Alle regelmäßigen Verbformen, die **Besonderheiten** aufweisen, sowie alle **unregelmäßigen Verbformen** sind **blau hervorgehoben.**

5 **Partizip Perfekt mit *être***: Die femininen Endungen und die Plural-Endungen sind jeweils in Klammern angegeben.

6 ***Modes impersonnels***: Bei den infiniten Verbformen wird aus Gründen der Übersichtlichkeit beim *infinitif* und *participe présent* jeweils nur die einfache Form angegeben. Die zusammengesetzten Formen werden wie folgt gebildet:
- ***infinitif*** von ***avoir*** oder ***être + participe passé*** des jeweiligen Verbs: z. B. *avoir aimé* oder *être allé(e)(s)*
- ***participe présent*** von ***avoir*** oder ***être + participe passé*** des jeweiligen Verbs: z. B. *ayant aimé* oder *étant allé(e)(s)*.

Mit Hilfe der Verbtabellen und des französisch-deutschen Verbregisters am Ende des Buches können Sie die gebräuchlichsten regelmäßigen und unregelmäßigen Verben des Französischen konjugieren.

Erfordert ein Verb eine bestimmte Präposition, so ist diese im französisch-deutschen Verbregister angegeben.

Grammatische Fachbegriffe

Übersicht über die gebräuchlichsten französischen und deutschen Grammatikbegriffe

französische Begriffe	deutsche Begriffe
accent aigu	´
accent grave	`
accent circonflexe	^ Zirkumflex
aspect	Aspekt / Verlaufsform der Handlung
auxiliaire	Hilfsverb / Hilfszeitwort
auxiliaire de mode	Modalverb
cédille	ç Zeichen unter dem c, um den Laut [s] zu erhalten
conditionnel passé	Konditional II / Bedingungsform II
conditionnel présent	Konditional I / Bedingungsform I
conjonction	Konjunktion / Bindewort
conjugaison	Konjugation / Beugung der Verben
désinence / terminaison	Endung
futur antérieur	Futur II / Vorzukunft
futur proche / composé	zusammengesetztes Futur / „nahe Zukunft"
futur simple	Futur I / Zukunft
gérondif	Gerundium
imparfait	Präteritum / Vergangenheit
impératif	Imperativ / Befehlsform
indicatif	Indikativ / Wirklichkeitsform
infinitif	Infinitiv / Grundform des Verbs
mode	Modus (Plural: Modi) / Aussageweise
mode personnel / impersonnel	finite / infinite Verbform
nombre	Numerus / Zahl
participe passé	Partizip Perfekt / Mittelwort der Vergangenheit
participe présent	Partizip Präsens / Mittelwort der Gegenwart

französische Begriffe	deutsche Begriffe
passé antérieur	historisches Plusquamperfekt
passé composé	Perfekt / vollendete Gegenwart
passé simple	einfache Vergangenheit
personne	Person
pluriel	Plural / Mehrzahl
plus-que-parfait	Plusquamperfekt / Vorvergangenheit
préposition	Präposition / Verhältniswort
présent	Präsens
pronom personnel sujet	Subjektpronomen / persönliches Fürwort (1. Fall)
radical du verbe	Verbstamm
singulier	Singular / Einzahl
subjonctif	Konjunktiv / Möglichkeitsform
sujet	Subjekt / Satzgegenstand
temps	Tempus (Plural: Tempora) / Zeitform
temps composé	zusammengesetzte Zeitform
temps simple	einfache Zeitform
tréma	¨
verbe	Verb / Tätigkeitswort / Zeitwort
verbe défectif	unvollständiges Verb
verbe impersonnel	unpersönliches Verb
verbe intransitif	intransitives Verb
verbe irrégulier	unregelmäßiges Verb
verbe pronominal / réfléchi	reflexives Verb
verbe régulier	regelmäßiges Verb
verbe transitif	transitives Verb
voix active	Aktivform / Tätigkeitsform
voix passive	Passivform / Leideform

Einführung in die Grundlagen des Verbs

1 Merkmale des Verbs

1.1 Stamm und Endung

Ein Verb besteht aus Stamm und Endung:
parler → **Stamm**: parl- + **Endung**: -er
nous parlons → **Stamm**: parl- + **Endung**: -ons

Der Stamm trägt die Bedeutung des Verbs. Er kann unverändert bleiben oder variieren:
unverändert: je **parl**-e *ich spreche*, je **parl-**ais *ich sprach*, j'ai **parl**-é *ich habe gesprochen*
verändert: je **vien**-s *ich komme*, nous **ven**-ons *wir kommen*, je **viendr-**ai *ich werde kommen*

Die Endung informiert über Person, Zeit und Modus des Verbs.

1.2 Konjugationsgruppen

Französische Verben haben unterschiedliche Infinitiv-Endungen. Nach diesen Endungen unterscheidet man verschiedene Konjugationsgruppen:
1. die regelmäßigen Verben auf **-er** (z. B. aim**er** *lieben*)
2. die regelmäßigen Verben auf **-ir** (z. B. fin**ir** *beenden*, dorm**ir** *schlafen*)
3. die regelmäßigen Verben auf **-re** (z. B. attend**re** *warten*)
4. die unregelmäßigen Verben auf **-(d)re**, **-oir** und **-ir** (z. B. fai**re** *machen*, pouv**oir** *können*, ven**ir** *kommen*).

2 Die Form des Verbs

Die Form des Verbs ist abhängig von Person und Numerus (= Zahl), Zeit und Modus des Verbs.

2.1 Person und Numerus

Man unterscheidet folgende Personen und Numeri (Singular und Plural):

Singular		
1. Person	**je** parl**e**	***ich*** *sprech**e***
2. Person	**tu** parl**es**	***du*** *sprich**st***
3. Person	**il / elle** parl**e**	***er / sie*** *sprich**t***
Plural		
1. Person	**nous** parl**ons**	***wir*** *sprech**en***
2. Person	**vous** parl**ez**	***ihr*** *sprech**t*** / ***Sie*** *sprech**en***
3. Person	**ils / elles** parl**ent**	***sie*** *sprech**en***

Wie im Deutschen unterscheidet man im Französischen finite und infinite Verbformen:

- Finite Verbformen (auch „Personalformen" genannt) sind konjugierte Verbformen, die sich nach der Person des Subjekts richten: *je travaille* ich arbeite.
- Infinite Verbformen (= **modes impersonnels**) dagegen werden nicht konjugiert und haben keine Personalendung: Je l'ai vu **partir**. *Ich habe ihn weggehen sehen.*

2.2 Tempus

Das **Tempus** des Verbs (= die Zeitform) sagt aus, zu welchem Zeitpunkt die dargestellte Handlung stattfindet, z. B.

- in der Gegenwart: je travaille *ich arbeite* (Präsens)
- in der Vergangenheit: je travaillais *ich arbeitete* (imparfait)
- in der Zukunft: je travaillerai *ich werde arbeiten* (Futur)

Es gibt **einfache Zeiten**, die aus einer einzigen Verbform bestehen, wie z. B. das **présent**, das **imparfait**, das **futur simple**, und **zusammengesetzte Zeiten**, wie z. B. das **passé composé**, das **plus-que-parfait** und das **futur antérieur**, die aus einem Hilfsverb und einem Partizip Perfekt bestehen.

Die Hilfsverben sind **être** (sein) und **avoir** (haben):
J'**ai** raté mon train. *Ich habe meinen Zug verpasst.*
Je **suis** arrivé en retard. *Ich bin zu spät gekommen.*

- **Avoir** wird als Hilfsverb bei allen transitiven (1) und bei den meisten intransitiven Verben (2) verwendet:
  1 J'ai **acheté** le journal. *Ich habe die Zeitung gekauft.*
  2 J'ai **sauté** par dessus la barrière. *Ich bin über die Schranke gesprungen.*
- **Etre** wird bei Verben der Bewegungsrichtung (1) und des Verbleibens (2) sowie bei allen reflexiven Verben (3) verwendet:
  1 Je **suis** monté dans la voiture. *Ich bin ins Auto eingestiegen.*
  2 Il n'**est** pas resté longtemps. *Er ist nicht lange geblieben.*
  3 Nous nous **sommes** bien amusés. *Wir haben uns gut amüsiert.*

  In Verbindung mit dem Hilfsverb **être** wird das **participe passé** dem Subjekt angeglichen:
  Il est part**i**. *Er ist weggegangen.*
  Ils sont part**is**. *Sie sind weggegangen.*
  Elle est part**ie**. *Sie ist weggegangen.*
  Elles sont part**ies**. *Sie sind weggegangen.*

2.3 Modus (Aussageart)

Man unterscheidet im Französischen vier **modes personnels** (= finite Verbformen):

1. Der **Indikativ** stellt das Geschehen als real dar: Il vient. *Er kommt.*
2. Mit dem **subjonctif** wird das Geschehen als erwünscht oder möglich dargestellt: *Je veux qu'il vienne.* Ich will, dass er kommt.

3. Das **conditionnel** drückt als Modus eine unsichere Information aus: D'après lui, il n'y **aurait** aucun danger. *Nach ihm besteht keinerlei Gefahr.*
4. Der **Imperativ** drückt eine Bitte oder eine Aufforderung aus: *Réponds-moi.* Antworte mir!

und drei **modes impersonnels** (= infinite Verbformen):
1. **Infinitiv** (**I** und **II**): **parler** *sprechen* / **avoir parlé** *gesprochen haben*
2. **Partizip** (**I** und **II**): **parlant** *sprechend* / **parlé** *gesprochen*
3. **gérondif**: **en parlant** *beim Sprechen*

3 Gebrauch der Modi und Tempora

Im Folgenden sind nur die Hauptverwendungen der Modi und Tempora dargestellt.

3.1 Indikativ (indicatif)

- Das **présent** wird verwendet für Vorgänge, die in der Gegenwart stattfinden (1), für Gewohnheiten (2), zukünftige Handlungen (3) sowie zeitlos gültige Aussagen (4):
  1 Qu'est-ce que tu **fais** ? – Je **travaille**. *Was machst du? - Ich arbeite.*
  2 Le lundi, j'**ai** cours de français. *Montags habe ich Französischunterricht.*
  3 Nous **partons** demain en vacances. *Wir fahren morgen in Urlaub.*
  4 L'oiseau en cage ne **chante** pas d'amour mais de rage. *Der Vogel im Käfig singt nicht aus Liebe, sondern aus Wut.*

- Das **imparfait** kennzeichnet ein vergangenes Geschehen und steht für nicht abgeschlossene Handlungen (1), Beschreibungen (2), Gewohnheiten (3):
  1 A cette époque, nous **vivions** à Paris. *Zu dieser Zeit lebten wir in Paris.*
  2 Il **était** très élégant et ne **sortait** jamais sans chapeau. *Er war sehr elegant und ging niemals ohne Hut aus.*
  3 Le dimanche, nous **allions** au bord de la rivière. *Sonntags fuhren wir an den Fluss.*

  Das **imparfait** steht außerdem in Bedingungssätzen mit **si** in Verbindung mit dem **conditionnel présent** (1) sowie in der indirekten Rede (2):
  1 Si je **pouvais**, je le ferais. *Wenn ich könnte, würde ich es tun.*
  2 Il a demandé si tu **étais** là. *Er hat gefragt, ob du da bist.*

- Das **passé composé** drückt ebenfalls ein vergangenes Geschehen aus und wird für abgeschlossene Handlungen (1), für aufeinander folgende Handlungen (2) sowie für Handlungen, die sich noch auf die Gegenwart auswirken (3), verwendet:
  1 J'**ai habité** trois ans à Nice. *Ich habe drei Jahre in Nizza gewohnt.*
  2 Il **est arrivé** et m'**a salué**. *Er kam und begrüßte mich.*
  3 Je **suis venu** en bus. *Ich bin mit dem Bus gekommen.*

- Das **plus-que-parfait** kennzeichnet abgeschlossene Vorgänge oder Zustände in der Vergangenheit (1) und drückt eine Vorzeitigkeit in Bezug auf eine Handlung aus, die im **imparfait**, **passé composé** oder **passé simple** wiedergegeben wird (2):
  1 Il n'**était** pas **venu**. *Er war nicht gekommen.*
  2 Quand j'ai téléphoné, Léa **était** déjà **partie**. *Als ich angerufen habe, war Léa schon weggegangen.*

  Das **plus-que-parfait** steht außerdem in Bedingungssätzen mit **si** in Verbindung mit dem **conditionnel passé** (1) oder zum Ausdruck des Bedauerns (2):
  1 Si j'**avais pu**, je l'aurais fait. *Wenn ich gekonnt hätte, hätte ich es getan.*
  2 Ah, si tu m'**avais épousé** ! *Ach, hättest du mich nur geheiratet!*

- Das **passé simple** und das **passé antérieur** werden im gesprochenen und geschriebenen Alltagsfranzösisch nicht mehr verwendet. Beide Zeiten haben im Deutschen keine Entsprechung.
  Das **passé simple** führt punktuelle, abgeschlossene Handlungen in eine Erzählung ein (1). Das **passé antérieur** bezeichnet eine Vorzeitigkeit in Bezug auf Handlungen, die im **passé simple** wiedergegeben werden (2):
  1 Tout était calme. Soudain, on **frappa** à la porte. *Alles war ruhig. Plötzlich klopfte es an der Tür.*
  2 Quand elle **eut terminé** sa lettre, elle la déchira. *Als sie ihren Brief zu Ende geschrieben hatte, zerriss sie ihn.*

- Das **futur simple** drückt zukünftige Handlungen (1) und höfliche Bitten (2) aus:
  1 Je t'**écrirai**, promis. *Ich werde dir schreiben, versprochen.*
  2 Je vous **demanderai** de ne pas parler. *Ich möchte Sie bitten, nicht zu sprechen.*

- Das **futur antérieur** drückt Vorzeitigkeit in der Zukunft aus:
  J'**aurai terminé** avant demain. *Ich werde vor morgen fertig sein.*

3.2 Subjonctif

Der **subjonctif** wird hauptsächlich in Nebensätzen verwendet, die durch die Konjunktion **que** (*dass*) eingeleitet werden. „Auslöser" des **subjonctif** sind bestimmte Verben, verbale Ausdrücke oder Konjunktionen, die einen Wunsch, ein Gefühl oder einen Zweifel ausdrücken.

Von den vier Zeiten des **subjonctif** werden im heutigen gesprochenen Französisch nur noch zwei verwendet: der **subjonctif présent** und der **subjonctif passé**.
Der Gebrauch der vier Zeiten des **subjonctif** beruht nicht auf einem zeitlichen Unterschied, sondern auf einem Aspektunterschied (→ **4**):

- Der **subjonctif présent** und der **subjonctif imparfait** stellen das Geschehen als nicht abgeschlossen dar (= imperfektiver Aspekt):
  Je voudrais qu'il **fasse** beau demain. *Ich möchte, dass es morgen schön ist.*
  Elle voulait tellement qu'il l'**aimât**. *Sie wünschte so sehr, dass er sie liebte.*

- Der **subjonctif passé** und der **subjonctif plus-que-parfait** stellen das Geschehen als abgeschlossen dar (= perfektiver Aspekt):
  Je doute qu'elle **ait réussi**. *Ich bezweifle, dass sie es geschafft hat.*
  Il ne comprenait pas qu'elle **eût pu** penser cela. *Er verstand nicht, wie sie das hatte denken können.*

3.3 Conditionnel

- Das **conditionnel présent** drückt Wünsche (1), Bitten (2), Ratschläge (3), Möglichkeiten (4) oder Vermutungen (5) aus:
  1 Je **voudrais** apprendre le français. *Ich möchte Französisch lernen.*
  2 **Pourriez**-vous m'aider ? *Könnten Sie mir helfen?*
  3 Tu **devrais** arrêter de fumer. *Du solltest mit dem Rauchen aufhören.*
  4 Qu'est-ce que tu **ferais** à ma place ? *Was würdest du an meiner Stelle tun?*
  5 Il **aurait** deux enfants d'un premier mariage. *Er soll zwei Kinder aus erster Ehe haben.*

  In der indirekten Rede (1) oder in Bedingungssätzen (2) bezeichnet das **conditionnel présent** zukünftige Handlungen, die von der Vergangenheit aus gesehen werden:
  1 Il a dit qu'il **viendrait** demain. *Er hat gesagt, er werde morgen kommen.*
  2 Si nous partions demain, nous **éviterions** les bouchons. *Wenn wir morgen abreisen würden, würden wir die Staus vermeiden.*

- Das **conditionnel passé** wird verwendet für nicht mehr erfüllbare Wünsche (1), für Vorwürfe (2) sowie für Vermutungen (3):
  1 J'**aurais aimé** vivre en France. *Ich hätte gern in Frankreich gelebt.*
  2 Tu **aurais dû** réagir plus vite. *Du hättest schneller reagieren müssen.*
  3 Un témoin **aurait vu** le cambrioleur. *Ein Zeuge soll den Einbrecher gesehen haben.*

  In der indirekten Rede (1) und in Bedingungssätzen (2) bezeichnet das **conditionnel passé** zukünftige Handlungen, die von der Vergangenheit aus als abgeschlossen gesehen werden:
  1 Il a dit qu'il **aurait fini** avant demain. *Er sagte, er werde vor morgen fertig sein.*
  2 Je **serais tombé** si tu ne m'avais pas retenu. *Ich wäre gestürzt, wenn du mich nicht gehalten hättest.*

3.4 Imperativ (impératif)

Der **impératif** entspricht der Befehlsform und wird für Befehle (1) und Aufforderungen (2) gebraucht:

1 **Venez** ici ! *Kommt her!*
2 Ne me **regarde** pas comme ça. *Schau mich nicht so an!*

3.5 Infinite Verbformen (modes impersonnels)

- Der **Infinitiv (infinitif)** wird häufig nach Verben (mit oder ohne Präposition) gebraucht.
  Je dois **rentrer**. *Ich muss nach Hause (gehen).*
  J'ai décidé de **partir** demain. *Ich habe beschlossen, morgen zu fahren.*
  Après **avoir pris** une douche, je me suis senti beaucoup mieux. *Nachdem ich geduscht hatte, fühlte ich mich viel besser.*

- Das **Partizip Präsens (participe présent)** wird als Verb in Partizipialkonstruktionen (1), als Adjektiv (2) sowie als Substantiv (3) verwendet:
  1 Je l'ai vu **se promenant** dans le parc. *Ich habe ihn gesehen, wie er im Park spazieren ging.*
  2 C'est un écrivain très **intéressant**. *Er ist ein sehr interessanter Schriftsteller.*
  3 Les **enseignants** font grève. *Die Lehrkräfte streiken.*

- Das **Partizip Perfekt (participe passé)** wird zur Bildung der zusammengesetzten Zeiten (1), zur Bildung des Passivs (2), in Partizipialkonstruktionen (3), als Adjektiv (4) und als Substantiv (5) verwendet:
  1 Nous avons **marché** longtemps. *Wir sind lange gelaufen.*
  2 La réunion a été **reportée**. *Die Sitzung wurde verschoben.*
  3 **Rentré** à la maison, je suis allé au lit. *Zu Hause angekommen, bin ich ins Bett gegangen.*
  4 Il y avait un livre **ouvert** sur la table. *Es lag ein offenes Buch auf dem Tisch.*
  5 La plupart des **députés** ont quitté la salle. *Die meisten Abgeordneten haben den Raum verlassen.*

- Das **gérondif** (**en + participe présent**) drückt Gleichzeitigkeit aus und dient hauptsächlich zur Satzverkürzung.
  J'ai trouvé trois fautes **en relisant** ce texte. *Ich habe beim Durchlesen dieses Textes drei Fehler gefunden.*

4 Aspekt

Unter **Aspekt** versteht man die Art und Weise, wie eine Handlung in ihrem Verlauf dargestellt wird. Eine Handlung kann z. B. als abgeschlossen (1) oder als nicht abgeschlossen (2) dargestellt werden.
1 perfektiver Aspekt: Il a plu pendant trois jours. *Es hat drei Tage lang geregnet.*
2 imperfektiver / durativer Aspekt: Il pleut depuis trois jours. *Es regnet seit drei Tagen.*

Der Aspektunterschied wird im Französischen durch die Opposition einfache Zeiten (imperfektiver Aspekt) ↔ zusammengesetzte Zeiten (perfektiver Aspekt) markiert.

5 Handlungsarten: Aktiv (voix active) und Passiv (voix passive)

Wie im Deutschen gibt es aktive und passive Verbformen:

Aktiv das Subjekt handelt selbst	**J'invite** des amis. *Ich lade Freunde ein.*
Passiv etwas geschieht mit dem Subjekt	**Je suis invité** (par des amis). *Ich werde (von Freunden) eingeladen.*

- Das Passiv wird mit dem Hilfsverb **être** gebildet. Die Zeit von **être** ist die Zeit des Verbs im Passiv.
- Nur transitive Verben mit direktem Objekt (Akkusativobjekt) können das Passiv bilden.

Lerntipps

1. Wenn Sie ein neues Verb lernen, sollten Sie sich seine Grundform und sein Partizip Perfekt gleichzeitig merken. So können Sie die zusammengesetzten Zeiten leichter bilden.

2. Wenn Sie die Konjugation eines Verbs (z. B. im Präsens) üben wollen, konjugieren Sie es mehrmals schriftlich durch. Sprechen Sie die Verbformen beim Schreiben laut mit. Sie werden sehen, wie leicht es sich einprägt, wenn Hand, Auge und Ohr zusammenarbeiten.

3. Am besten lernen Sie ein Verb zusammen mit seiner Ergänzung (z. B. **aller à** oder **venir de**).

4. Wenn Sie einen Lernpartner haben, können Sie zu zweit die Konjugationen üben. Fragen Sie sich gegenseitig und abwechselnd die Verben ab. Oder konjugieren Sie zusammen ein Verb durch, eine Verbform nach der anderen, z. B. das Präsens von **parler** → Sie sagen: **je parle**; Ihr Lernpartner sagt: **tu parles**; Sie sagen: **il parle** usw.

5. Nehmen Sie einen Spielwürfel. Die Zahlen 1–6 stehen für die sechs Subjektpronomen, also: 1 = **je**, 2 = **tu**, 3 = **il/elle/on**, 4 = **nous**, 5 = **vous**, 6 = **ils/elles**. Wollen Sie z. B. das Verb **aller** üben, dann fangen Sie mit dem Präsens an, würfeln und konjugieren die Verbform, die der Würfelzahl entspricht: z. B. die Zahl 6 → **ils vont**.

6. Erfinden Sie kurze, prägnante Sätze für die Verben, die Sie lernen möchten: Verben prägen sich in einem konkreten Zusammenhang am besten ein.

1 Hilfsverben

1.1 avoir *haben*

- Zur Bildung der zusammengesetzten Zeiten transitiver und nicht-reflexiver Verben sowie von Verben, die eine Bewegungsart ausdrücken. Verwendung auch als Vollverb.
- Unpersönlicher Gebrauch in der Wendung **il y a** *es gibt*, **il y avait** *es gab* usw.

Indicatif

	Présent	**Imparfait**	**Passé simple**	**Futur simple**
j'	ai	avais	eus	aurai
tu	as	avais	eus	auras
il/elle/on	a	avait	eut	aura
nous	avons	avions	eûmes	aurons
vous	avez	aviez	eûtes	aurez
ils/elles	ont	avaient	eurent	auront

	Passé composé	**Plus-que-parfait**	**Passé antérieur**	**Futur antérieur**
j'	ai eu	avais eu	eus eu	aurai eu
tu	as eu	avais eu	eus eu	auras eu
il/elle/on	a eu	avait eu	eut eu	aura eu
nous	avons eu	avions eu	eûmes eu	aurons eu
vous	avez eu	aviez eu	eûtes eu	aurez eu
ils/elles	ont eu	avaient eu	eurent eu	auront eu

Subjonctif

	Présent	**Passé**	**Imparfait**	**Plus-que-parfait**
que j'	aie	aie eu	eusse	eusse eu
que tu	aies	aies eu	eusse	eusses eu
qu'il/elle/on	ait	ait eu	eût	eût eu
que nous	ayons	ayons eu	eussions	eussions eu
que vous	ayez	ayez eu	eussiez	eussiez eu
qu'ils/elles	aient	aient eu	eussent	eussent eu

Conditionnel / Impératif / Modes impersonnels

	Présent	**Passé**		**Infinitif**
j'	aurais	aurais eu		avoir
tu	aurais	aurais eu	aie	**Participe présent**
il/elle/on	aurait	aurait eu		ayant
nous	aurions	aurions eu	ayons	**Participe passé**
vous	auriez	auriez eu	ayez	eu(e)(s)
ils/elles	auraient	auraient eu		

1.2 être *sein*

- Zur Bildung der zusammengesetzten Zeiten von Bewegungs-, Zustands- und Zustandsänderungsverben sowie aller reflexiven Verben.
- Zur Bildung aller Passivformen (→ **8**).

Indicatif

	Présent	Imparfait	Passé simple	Futur simple
je/j'	suis	étais	fus	serai
tu	es	étais	fus	seras
il/elle/on	est	était	fut	sera
nous	sommes	étions	fûmes	serons
vous	êtes	étiez	fûtes	serez
ils/elles	sont	étaient	furent	seront

	Passé composé	Plus-que-parfait	Passé antérieur	Futur antérieur
j'	ai été	avais été	eus été	aurai été
tu	as été	avais été	eus été	auras été
il/elle/on	a été	avait été	eut été	aura été
nous	avons été	avions été	eûmes été	aurons été
vous	avez été	aviez été	eûtes été	aurez été
ils/elles	ont été	avaient été	eurent été	auront été

Subjonctif

	Présent	Passé	Imparfait	Plus-que-parfait
que je/j'	sois	aie été	fusse	eusse été
que tu	sois	aies été	fusses	eusses été
qu'il/elle/on	soit	ait été	fût	eût été
que nous	soyons	ayons été	fussions	eussions été
que vous	soyez	ayez été	fussiez	eussiez été
qu'ils/elles	soient	aient été	fussent	eussent été

Conditionnel / Impératif / Modes impersonnels

	Présent	Passé		Infinitif
je/j'	serais	aurais été		être
tu	serais	aurais été	sois	**Participe présent**
il/elle/on	serait	aurait été		étant
nous	serions	aurions été	soyons	**Participe passé**
vous	seriez	auriez été	soyez	été
ils/elles	seraient	auraient été		

1.3 aller *gehen, fahren*

▶ Verwendung als Vollverb und als Hilfsverb zur Bildung des **futur proche**.

Indicatif

	Présent	Imparfait	Passé simple	Futur simple
je/j'	vais	allais	allai	irai
tu	vas	allais	allas	iras
il/elle/on	va	allait	alla	ira
nous	allons	allions	allâmes	irons
vous	allez	alliez	allâtes	irez
ils/elles	vont	allaient	allèrent	iront

	Passé composé		Plus-que-parfait		Passé antérieur		Futur antérieur	
je/j'	suis	allé(e)	étais	allé(e)	fus	allé(e)	serai	allé(e)
tu	es	allé(e)	étais	allé(e)	fus	allé(e)	seras	allé(e)
il/elle/on	est	allé(e)	était	allé(e)	fut	allé(e)	sera	allé(e)
nous	sommes	allé(e)s	étions	allé(e)s	fûmes	allé(e)s	serons	allé(e)s
vous	êtes	allé(e)(s)	étiez	allé(e)(s)	fûtes	allé(e)(s)	serez	allé(e)(s)
ils/elles	sont	allé(e)s	étaient	allé(e)s	furent	allé(e)s	seront	allé(e)s

Subjonctif

	Présent	Passé		Imparfait	Plus-que-parfait	
que je/j'	aille	sois	allé(e)	allasse	fusse	allé(e)
que tu	ailles	sois	allé(e)	allasses	fusses	allé(e)
qu'il/elle/on	aille	soit	allé(e)	allât	fût	allé(e)
que nous	allions	soyons	allé(e)(s)	allassions	fussions	allé(e)(s)
que vous	alliez	soyez	allé(e)(s)	allassiez	fussiez	allé(e)(s)
qu'ils/elles	aillent	soient	allé(e)s	allassent	fussent	allé(e)s

Conditionnel

Impératif

Modes impersonnels

	Présent	Passé			Infinitif
je/j'	irais	serais	allé(e)		aller
tu	irais	serais	allé(e)	va	**Participe présent**
il/elle/on	irait	serait	allé(e)		allant
nous	irions	serions	allé(e)s	allons	**Participe passé**
vous	iriez	seriez	allé(e)(s)	allez	allé(e)(s)
ils/elles	iraient	seraient	allé(e)s		

2 Modalverben

2.1 devoir *müssen*

▶ Das **participe passé** hat nur in der maskulinen Form einen **accent circonflexe**: Veuillez régler les sommes **dues** dans les délais les plus brefs. *Bitte begleichen Sie umgehend den fälligen Betrag.*

Indicatif

	Présent	Imparfait	Passé simple	Futur simple
je	dois	devais	dus	devrai
tu	dois	devais	dus	devras
il/elle/on	doit	devait	dut	devra
nous	devons	devions	dûmes	devrons
vous	devez	deviez	dûtes	devrez
ils/elles	doivent	devaient	durent	devront

	Passé composé	Plus-que-parfait	Passé antérieur	Futur antérieur
j'	ai dû	avais dû	eus dû	aurai dû
tu	as dû	avais dû	eus dû	auras dû
il/elle/on	a dû	avait dû	eut dû	aura dû
nous	avons dû	avions dû	eûmes dû	aurons dû
vous	avez dû	aviez dû	eûtes dû	aurez dû
ils/elles	ont dû	avaient dû	eurent dû	auront dû

Subjonctif

	Présent	Passé	Imparfait	Plus-que-parfait
que je/j'	doive	aie dû	dusse	eusse dû
que tu	doives	aies dû	dusses	eusses dû
qu'il/elle/on	doive	ait dû	dût	eût dû
que nous	devions	ayons dû	dussions	eussions dû
que vous	deviez	ayez dû	dussiez	eussiez dû
qu'ils/elles	doivent	aient dû	dussent	eussent dû

Conditionnel / Impératif / Modes impersonnels

	Présent	Passé		Infinitif
je/j'	devrais	aurais dû	–	devoir
tu	devrais	aurais dû		**Participe présent**
il/elle/on	devrait	aurait dû	–	devant
nous	devrions	aurions dû	–	**Participe passé**
vous	devriez	auriez dû		dû(s)/due(s)
ils/elles	devraient	auraient dû	–	

2.2 pouvoir *können, dürfen*

▶ Die Form **je puis** gehört dem gehobenen Sprachgebrauch an. In der Inversionsfrage wird für die 1. Person Singular **puis** und nicht **peux** verwendet: **Puis-je** me permettre de vous appeler ? *Darf ich mir erlauben, Sie anzurufen?*

Indicatif

	Présent	Imparfait	Passé simple	Futur simple
je	peux / puis	pouvais	pus	pourrai
tu	peux	pouvais	pus	pourras
il/elle/on	peut	pouvait	put	pourra
nous	pouvons	pouvions	pûmes	pourrons
vous	pouvez	pouviez	pûtes	pourrez
ils/elles	peuvent	pouvaient	purent	pourront

	Passé composé	Plus-que-parfait	Passé antérieur	Futur antérieur
j'	ai pu	avais pu	eus pu	aurai pu
tu	as pu	avais pu	eus pu	auras pu
il/elle/on	a pu	avait pu	eut pu	aura pu
nous	avons pu	avions pu	eûmes pu	aurons pu
vous	avez pu	aviez pu	eûtes pu	aurez pu
ils/elles	ont pu	avaient pu	eurent pu	auront pu

Subjonctif

	Présent	Passé	Imparfait	Plus-que-parfait
que je/j'	puisse	aie pu	pusse	eusse pu
que tu	puisses	aies pu	pusse	eusses pu
qu'il/elle/on	puisse	ait pu	pût	eût pu
que nous	puissions	ayons pu	pussions	eussions pu
que vous	puissiez	ayez pu	pussiez	eussiez pu
qu'ils/elles	puissent	aient pu	pussent	eussent pu

Conditionnel / Impératif / Modes impersonnels

	Présent	Passé		Infinitif
je/j'	pourrais	aurais pu		pouvoir
tu	pourrais	aurais pu		**Participe présent**
il/elle/on	pourrait	aurait pu		pouvant
nous	pourrions	aurions pu		**Participe passé**
vous	pourriez	auriez pu		pu
ils/elles	pourraient	auraient pu		

2.3 savoir *wissen, können*

- Als Vollverb mit der Bedeutung „wissen“ verwendet.
- Als Modalverb mit der Bedeutung „können“ (im Sinne von „erlernter Fähigkeit“) verwendet.

Indicatif

	Présent	Imparfait	Passé simple	Futur simple
je	sais	savais	sus	saurai
tu	sais	savais	sus	sauras
il/elle/on	sait	savait	sut	saura
nous	savons	savions	sûmes	saurons
vous	savez	saviez	sûtes	saurez
ils/elles	savent	savaient	surent	sauront

	Passé composé	Plus-que-parfait	Passé antérieur	Futur antérieur
j'	ai su	avais su	eus su	aurai su
tu	as su	avais su	eus su	auras su
il/elle/on	a su	avait su	eut su	aura su
nous	avons su	avions su	eûmes su	aurons su
vous	avez su	aviez su	eûtes su	aurez su
ils/elles	ont su	avaient su	eurent su	auront su

Subjonctif

	Présent	Passé	Imparfait	Plus-que-parfait
que je/j'	sache	aie su	susse	eusse su
que tu	saches	aies su	susses	eusses su
qu'il/elle/on	sache	ait su	sût	eût su
que nous	sachions	ayons su	sussions	eussions su
que vous	sachiez	ayez su	sussiez	eussiez su
qu'ils/elles	sachent	aient su	sussent	eussent su

Conditionnel / Impératif / Modes impersonnels

	Présent	Passé		Infinitif
je/j'	saurais	aurais su		savoir
tu	saurais	aurais su	sache	**Participe présent**
il/elle/on	saurait	aurait su		sachant
nous	saurions	aurions su	sachons	**Participe passé**
vous	sauriez	auriez su	sachez	su(e)(s)
ils/elles	sauraient	auraient su		

2.4 vouloir *wollen*

▶ Die Imperativformen **veuille**, **veuillons** und **veuillez** werden in Höflichkeitsformeln verwendet (z. B. in Briefen): **Veuillez** trouver ci-joint ... *Beigefügt finden Sie ...*
Die Formen **veux**, **voulons** und **voulez** werden meist in verneinten Sätzen gebraucht: Ne m'en **veux** pas. *Nimm es mir nicht übel.*

Indicatif

	Présent	Imparfait	Passé simple	Futur simple
je	veux	voulais	voulus	voudrai
tu	veux	voulais	voulus	voudras
il/elle/on	veut	voulait	voulut	voudra
nous	voulons	voulions	voulûmes	voudrons
vous	voulez	vouliez	voulûtes	voudrez
ils/elles	veulent	voulaient	voulurent	voudront

	Passé composé	Plus-que-parfait	Passé antérieur	Futur antérieur
j'	ai voulu	avais voulu	eus voulu	aurai voulu
tu	as voulu	avais voulu	eus voulu	auras voulu
il/elle/on	a voulu	avait voulu	eut voulu	aura voulu
nous	avons voulu	avions voulu	eûmes voulu	aurons voulu
vous	avez voulu	aviez voulu	eûtes voulu	aurez voulu
ils/elles	ont voulu	avaient voulu	eurent voulu	auront voulu

Subjonctif

	Présent	Passé	Imparfait	Plus-que-parfait
que je/j'	veuille	aie voulu	voulusse	eusse voulu
que tu	veuilles	aies voulu	voulusses	eusses voulu
qu'il/elle/on	veuille	ait voulu	voulût	eût voulu
que nous	voulions	ayons voulu	voulussions	eussions voulu
que vous	vouliez	ayez voulu	voulussiez	eussiez voulu
qu'ils/elles	veuillent	aient voulu	voulussent	eussent voulu

Conditionnel / Impératif / Modes impersonnels

	Présent	Passé		Infinitif
je/j'	voudrais	aurais voulu		vouloir
tu	voudrais	aurais voulu	veux / veuille	**Participe présent**
il/elle/on	voudrait	aurait voulu		voulant
nous	voudrions	aurions voulu	voulons / veuillons	**Participe passé**
vous	voudriez	auriez voulu	voulez / veuillez	voulu(e)(s)
ils/elles	voudraient	auraient voulu		

3 Regelmäßige Verben auf -er

3.1 aimer *lieben, gern haben*

▶ Alle Verben auf **-er** (außer **aller** und **envoyer**) werden nach diesem Muster konjugiert.

Indicatif

	Présent	Imparfait	Passé simple	Futur simple
j'	aime	aim**ais**	aim**ai**	aimer**ai**
tu	aim**es**	aim**ais**	aim**as**	aimer**as**
il/elle/on	aime	aim**ait**	aim**a**	aimer**a**
nous	aim**ons**	aim**ions**	aim**âmes**	aimer**ons**
vous	aim**ez**	aim**iez**	aim**âtes**	aimer**ez**
ils/elles	aim**ent**	aim**aient**	aim**èrent**	aimer**ont**

	Passé composé	Plus-que-parfait	Passé antérieur	Futur antérieur
j'	ai **aimé**	avais **aimé**	eus **aimé**	aurai **aimé**
tu	as **aimé**	avais **aimé**	eus **aimé**	auras **aimé**
il/elle/on	a **aimé**	avait **aimé**	eut **aimé**	aura **aimé**
nous	avons **aimé**	avions **aimé**	eûmes **aimé**	aurons **aimé**
vous	avez **aimé**	aviez **aimé**	eûtes **aimé**	aurez **aimé**
ils/elles	ont **aimé**	avaient **aimé**	eurent **aimé**	auront **aimé**

Subjonctif

	Présent	Passé	Imparfait	Plus-que-parfait
que j'	aim**e**	aie **aimé**	aim**asse**	eusse **aimé**
que tu	aim**es**	aies **aimé**	aim**asses**	eusses **aimé**
qu'il/elle/on	aim**e**	ait **aimé**	aim**ât**	eût **aimé**
que nous	aim**ions**	ayons **aimé**	aim**assions**	eussions **aimé**
que vous	aim**iez**	ayez **aimé**	aim**assiez**	eussiez **aimé**
qu'ils/elles	aim**ent**	aient **aimé**	aim**assent**	eussent **aimé**

Conditionnel / Impératif / Modes impersonnels

	Conditionnel Présent	Conditionnel Passé	Impératif	Modes impersonnels
				Infinitif
j'	aimer**ais**	aurais **aimé**		aim**er**
tu	aimer**ais**	aurais **aimé**	aim**e**	**Participe présent**
il/elle/on	aimer**ait**	aurait **aimé**		aim**ant**
nous	aimer**ions**	aurions **aimé**	aim**ons**	**Participe passé**
vous	aimer**iez**	auriez **aimé**	aim**ez**	aim**é(e)(s)**
ils/elles	aimer**aient**	auraient **aimé**		

3.2 crier *schreien, rufen*

▶ Beachten Sie die beiden **i** in der 1. und 2. Person Plural des **imparfait** und **subjonctif présent**.

Indicatif

	Présent	Imparfait	Passé simple	Futur simple
je	crie	criais	criai	crierai
tu	cries	criais	crias	crieras
il/elle/on	crie	criait	cria	criera
nous	crions	criions	criâmes	crierons
vous	criez	criiez	criâtes	crierez
ils/elles	crient	criaient	crièrent	crieront

	Passé composé	Plus-que-parfait	Passé antérieur	Futur antérieur
j'	ai crié	avais crié	eus crié	aurai crié
tu	as crié	avais crié	eus crié	auras crié
il/elle/on	a crié	avait crié	eut crié	aura crié
nous	avons crié	avions crié	eûmes crié	aurons crié
vous	avez crié	aviez crié	eûtes crié	aurez crié
ils/elles	ont crié	avaient crié	eurent crié	auront crié

Subjonctif

	Présent	Passé	Imparfait	Plus-que-parfait
que je/j'	crie	aie crié	criasse	eusse crié
que tu	cries	aies crié	criasses	eusses crié
qu'il/elle/on	crie	ait crié	criât	eût crié
que nous	criions	ayons crié	criassions	eussions crié
que vous	criiez	ayez crié	criassiez	eussiez crié
qu'ils/elles	crient	aient crié	criassent	eussent crié

Conditionnel / Impératif / Modes impersonnels

	Présent	Passé		Infinitif
je/j'	crierais	aurais crié		crier
tu	crierais	aurais crié	crie	**Participe présent**
il/elle/on	crierait	aurait crié		criant
nous	crierions	aurions crié	crions	**Participe passé**
vous	crieriez	auriez crié	criez	crié(e)(s)
ils/elles	crieraient	auraient crié		

3.3 Verben auf -er mit orthographischen Besonderheiten

3.3.1 commencer *beginnen, anfangen*

▶ Damit der Stamm der Verben auf **-cer** in allen Formen [s] ausgesprochen wird, wird vor den „dunklen" Vokalen **a** und **o** das **c** zu **ç**.

Indicatif

	Présent	Imparfait	Passé simple	Futur simple
je	commence	commençais	commençai	commencerai
tu	commences	commençais	commenças	commenceras
il/elle/on	commence	commençait	commença	commencera
nous	commençons	commencions	commençâmes	commencerons
vous	commencez	commenciez	commençâtes	commencerez
ils/elles	commencent	commençaient	commencèrent	commenceront

	Passé composé		Plus-que-parfait		Passé antérieur		Futur antérieur	
j'	ai	commencé	avais	commencé	eus	commencé	aurai	commencé
tu	as	commencé	avais	commencé	eus	commencé	auras	commencé
il/elle/on	a	commencé	avait	commencé	eut	commencé	aura	commencé
nous	avons	commencé	avions	commencé	eûmes	commencé	aurons	commencé
vous	avez	commencé	aviez	commencé	eûtes	commencé	aurez	commencé
ils/elles	ont	commencé	avaient	commencé	eurent	commencé	auront	commencé

Subjonctif

	Présent	Passé		Imparfait	Plus-que-parfait	
que je/j'	commence	aie	commencé	commençasse	eusse	commencé
que tu	commences	aies	commencé	commençasses	eusses	commencé
qu'il/elle/on	commence	ait	commencé	commençât	eût	commencé
que nous	commencions	ayons	commencé	commençassions	eussions	commencé
que vous	commenciez	ayez	commencé	commençassiez	eussiez	commencé
qu'ils/elles	commencent	aient	commencé	commençassent	eussent	commencé

Conditionnel / Impératif / Modes impersonnels

	Présent	Passé		Impératif	Modes impersonnels
					Infinitif
je/j'	commencerais	aurais	commencé		commencer
tu	commencerais	aurais	commencé	commence	**Participe présent**
il/elle/on	commencerait	aurait	commencé		commençant
nous	commencerions	aurions	commencé	commençons	**Participe passé**
vous	commenceriez	auriez	commencé	commencez	commencé(e)(s)
ils/elles	commenceraient	auraient	commencé		

3.3.2 manger *essen*

▶ Damit der Stamm der Verben auf **-ger** in allen Formen [ʒ] ausgesprochen wird, wird vor den „dunklen" Vokalen **a** und **o** nach dem **g** ein **e** eingefügt.

Indicatif

	Présent	Imparfait	Passé simple	Futur simple
je	mange	mangeais	mangeai	mangerai
tu	manges	mangeais	mangeas	mangeras
il/elle/on	mange	mangeait	mangea	mangera
nous	mangeons	mangions	mangeâmes	mangerons
vous	mangez	mangiez	mangeâtes	mangerez
ils/elles	mangent	mangeaient	mangèrent	mangeront

	Passé composé	Plus-que-parfait	Passé antérieur	Futur antérieur
j'	ai mangé	avais mangé	eus mangé	aurai mangé
tu	as mangé	avais mangé	eus mangé	auras mangé
il/elle/on	a mangé	avait mangé	eut mangé	aura mangé
nous	avons mangé	avions mangé	eûmes mangé	aurons mangé
vous	avez mangé	aviez mangé	eûtes mangé	aurez mangé
ils/elles	ont mangé	avaient mangé	eurent mangé	auront mangé

Subjonctif

	Présent	Passé	Imparfait	Plus-que-parfait
que je/j'	mange	aie mangé	mangeasse	eusse mangé
que tu	manges	aies mangé	mangeasses	eusses mangé
qu'il/elle/on	mange	ait mangé	mangeât	eût mangé
que nous	mangions	ayons mangé	mangeassions	eussions mangé
que vous	mangiez	ayez mangé	mangeassiez	eussiez mangé
qu'ils/elles	mangent	aient mangé	mangeassent	eussent mangé

Conditionnel / Impératif / Modes impersonnels

	Présent	Passé	Impératif	Infinitif
je/j'	mangerais	aurais mangé		manger
tu	mangerais	aurais mangé	mange	**Participe présent**
il/elle/on	mangerait	aurait mangé		mangeant
nous	mangerions	aurions mangé	mangeons	**Participe passé**
vous	mangeriez	auriez mangé	mangez	mangé(e)(s)
ils/elles	mangeraient	auraient mangé		

3.3.3 payer *zahlen, bezahlen*

▶ Bei den Verben auf **-ayer** kann das **y** in allen Konjugationsformen beibehalten oder – in den stammbetonten Formen des **présent** sowie beim **futur simple** und **conditionnel présent** – durch **i** ersetzt werden.

Indicatif

	Présent	Imparfait	Passé simple	Futur simple
je	paie / paye	payais	payai	paierai / payerai
tu	paies / payes	payais	payas	paieras / payeras
il/elle/on	paie / paye	payait	paya	paiera / payera
nous	payons	payions	payâmes	paierons / payerons
vous	payez	payiez	payâtes	paierez / payerez
ils/elles	paient / payent	payaient	payèrent	paieront / payeront

	Passé composé	Plus-que-parfait	Passé antérieur	Futur antérieur
j'	ai payé	avais payé	eus payé	aurai payé
tu	as payé	avais payé	eus payé	auras payé
il/elle/on	a payé	avait payé	eut payé	aura payé
nous	avons payé	avions payé	eûmes payé	aurons payé
vous	avez payé	aviez payé	eûtes payé	aurez payé
ils/elles	ont payé	avaient payé	eurent payé	auront payé

Subjonctif

	Présent	Passé	Imparfait	Plus-que-parfait
que je/j'	paie / paye	aie payé	payasse	eusse payé
que tu	paies / payes	aies payé	payasses	eusses payé
qu'il/elle/on	paie / paye	ait payé	payât	eût payé
que nous	payions	ayons payé	payassions	eussions payé
que vous	payiez	ayez payé	payassiez	eussiez payé
qu'ils/elles	paient / payent	aient payé	payassent	eussent payé

Conditionnel / Impératif / Modes impersonnels

	Présent	Passé		Infinitif
je/j'	paierais / payerais	aurais payé		payer
tu	paierais / payerais	aurais payé	paie / paye	**Participe présent**
il/elle/on	paierait / payerait	aurait payé		payant
nous	paierions / payerions	aurions payé	payons	**Participe passé**
vous	paieriez / payeriez	auriez payé	payez	payé(e)(s)
ils/elles	paieraient / payeraient	auraient payé		

3.3.4 appuyer *drücken*

▶ In den stammbetonten Formen des **présent** sowie beim **futur simple** und **conditionnel présent** wird das **y** zu **i**.

Indicatif

	Présent	Imparfait	Passé simple	Futur simple
j'	appuie	appuyais	appuyai	appuierai
tu	appuies	appuyais	appuyas	appuieras
il/elle/on	appuie	appuyait	appuya	appuiera
nous	appuyons	appuyions	appuyâmes	appuierons
vous	appuyez	appuyiez	appuyâtes	appuierez
ils/elles	appuient	appuyaient	appuyèrent	appuieront

	Passé composé	Plus-que-parfait	Passé antérieur	Futur antérieur
j'	ai appuyé	avais appuyé	eus appuyé	aurai appuyé
tu	as appuyé	avais appuyé	eus appuyé	auras appuyé
il/elle/on	a appuyé	avait appuyé	eut appuyé	aura appuyé
nous	avons appuyé	avions appuyé	eûmes appuyé	aurons appuyé
vous	avez appuyé	aviez appuyé	eûtes appuyé	aurez appuyé
ils/elles	ont appuyé	avaient appuyé	eurent appuyé	auront appuyé

Subjonctif

	Présent	Passé	Imparfait	Plus-que-parfait
que j'	appuie	aie appuyé	appuyasse	eusse appuyé
que tu	appuies	aies appuyé	appuyasses	eusses appuyé
qu'il/elle/on	appuie	ait appuyé	appuyât	eût appuyé
que nous	appuyions	ayons appuyé	appuyassions	eussions appuyé
que vous	appuyiez	ayez appuyé	appuyassiez	eussiez appuyé
qu'ils/elles	appuient	aient appuyé	appuyassent	eussent appuyé

Conditionnel / Impératif / Modes impersonnels

	Présent	Passé		Infinitif
j'	appuierais	aurais appuyé		appuyer
tu	appuierais	aurais appuyé	appuie	**Participe présent**
il/elle/on	appuierait	aurait appuyé		appuyant
nous	appuierions	aurions appuyé	appuyons	**Participe passé**
vous	appuieriez	auriez appuyé	appuyez	appuyé(e)(s)
ils/elles	appuieraient	auraient appuyé		

3.3.5 employer *benutzen, gebrauchen, einstellen*

▶ In den stammbetonten Formen des **présent** sowie beim **futur simple** und **conditionnel présent** wird das **y** zu **i**.

Indicatif

	Présent	Imparfait	Passé simple	Futur simple
j'	emploie	employais	employai	emploierai
tu	emploies	employais	employas	emploieras
il/elle/on	emploie	employait	employa	emploiera
nous	employons	employions	employâmes	emploierons
vous	employez	employiez	employâtes	emploierez
ils/elles	emploient	employaient	employèrent	emploieront

	Passé composé	Plus-que-parfait	Passé antérieur	Futur antérieur
j'	ai employé	avais employé	eus employé	aurai employé
tu	as employé	avais employé	eus employé	auras employé
il/elle/on	a employé	avait employé	eut employé	aura employé
nous	avons employé	avions employé	eûmes employé	aurons employé
vous	avez employé	aviez employé	eûtes employé	aurez employé
ils/elles	ont employé	avaient employé	eurent employé	auront employé

Subjonctif

	Présent	Passé	Imparfait	Plus-que-parfait
que j'	emploie	aie employé	employasse	eusse employé
que tu	emploies	aies employé	employasses	eusses employé
qu'il/elle/on	emploie	ait employé	employât	eût employé
que nous	employions	ayons employé	employassions	eussions employé
que vous	employiez	ayez employé	employassiez	eussiez employé
qu'ils/elles	emploient	aient employé	employassent	eussent employé

Conditionnel / Impératif / Modes impersonnels

	Présent	Passé		Infinitif
j'	emploierais	aurais employé		employer
tu	emploierais	aurais employé	emploie	**Participe présent**
il/elle/on	emploierait	aurait employé		employant
nous	emploierions	aurions employé	employons	**Participe passé**
vous	emploieriez	auriez employé	employez	employé(e)(s)
ils/elles	emploieraient	auraient employé		

3.3.6 acheter *kaufen*

▶ Das stumme **e** des Stammes erhält bei den stammbetonten Formen im **présent**, **impératif**, **futur simple** und **conditionnel présent** einen **accent grave: e → è.**

Indicatif

	Présent	Imparfait	Passé simple	Futur simple
j'	achète	achetais	achetai	achèterai
tu	achètes	achetais	achetas	achèteras
il/elle/on	achète	achetait	acheta	achètera
nous	achetons	achetions	achetâmes	achèterons
vous	achetez	achetiez	achetâtes	achèterez
ils/elles	achètent	achetaient	achetèrent	achèteront

	Passé composé	Plus-que-parfait	Passé antérieur	Futur antérieur
j'	ai acheté	avais acheté	eus acheté	aurai acheté
tu	as acheté	avais acheté	eus acheté	auras acheté
il/elle/on	a acheté	avait acheté	eut acheté	aura acheté
nous	avons acheté	avions acheté	eûmes acheté	aurons acheté
vous	avez acheté	aviez acheté	eûtes acheté	aurez acheté
ils/elles	ont acheté	avaient acheté	eurent acheté	auront acheté

Subjonctif

	Présent	Passé	Imparfait	Plus-que-parfait
que j'	achète	aie acheté	achetasse	eusse acheté
que tu	achètes	aies acheté	achetasses	eusses acheté
qu'il/elle/on	achète	ait acheté	achetât	eût acheté
que nous	achetions	ayons acheté	achetassions	eussions acheté
que vous	achetiez	ayez acheté	achetassiez	eussiez acheté
qu'ils/elles	achètent	aient acheté	achetassent	eussent acheté

Conditionnel / Impératif / Modes impersonnels

	Présent	Passé		Infinitif
j'	achèterais	aurais acheté		acheter
tu	achèterais	aurais acheté	achète	**Participe présent**
il/elle/on	achèterait	aurait acheté		achetant
nous	achèterions	aurions acheté	achetons	**Participe passé**
vous	achèteriez	auriez acheté	achetez	acheté(e)(s)
ils/elles	achèteraient	auraient acheté		

3.3.7 jeter *werfen*

▶ Der letzte Konsonant der stammbetonten Formen im **présent**, **impératif**, **futur simple** und **conditionnel présent** wird verdoppelt: **t** → **tt**.

Indicatif

	Présent	Imparfait	Passé simple	Futur simple
je	jette	jetais	jetai	jetterai
tu	jettes	jetais	jetas	jetteras
il/elle/on	jette	jetait	jeta	jettera
nous	jetons	jetions	jetâmes	jetterons
vous	jetez	jetiez	jetâtes	jetterez
ils/elles	jettent	jetaient	jetèrent	jetteront

	Passé composé		Plus-que-parfait		Passé antérieur		Futur antérieur	
j'	ai	jeté	avais	jeté	eus	jeté	aurai	jeté
tu	as	jeté	avais	jeté	eus	jeté	auras	jeté
il/elle/on	a	jeté	avait	jeté	eut	jeté	aura	jeté
nous	avons	jeté	avions	jeté	eûmes	jeté	aurons	jeté
vous	avez	jeté	aviez	jeté	eûtes	jeté	aurez	jeté
ils/elles	ont	jeté	avaient	jeté	eurent	jeté	auront	jeté

Subjonctif

	Présent	Passé		Imparfait	Plus-que-parfait	
que je/j'	jette	aie	jeté	jetasse	eusse	jeté
que tu	jettes	aies	jeté	jetasses	eusses	jeté
qu'il/elle/on	jette	ait	jeté	jetât	eût	jeté
que nous	jetions	ayons	jeté	jetassions	eussions	jeté
que vous	jetiez	ayez	jeté	jetassiez	eussiez	jeté
qu'ils/elles	jettent	aient	jeté	jetassent	eussent	jeté

Conditionnel / Impératif / Modes impersonnels

	Présent	Passé		Impératif	Modes impersonnels
					Infinitif
je/j'	jetterais	aurais	jeté		jeter
tu	jetterais	aurais	jeté	jette	**Participe présent**
il/elle/on	jetterait	aurait	jeté		jetant
nous	jetterions	aurions	jeté	jetons	**Participe passé**
vous	jetteriez	auriez	jeté	jetez	jeté(e)(s)
ils/elles	jetteraient	auraient	jeté		

3.3.8 peler *schälen*

▶ Das stumme **e** erhält in den stammbetonten Formen im **présent**, **impératif**, **futur simple** und **conditionnel présent** einen **accent grave: e → è**.

Indicatif

	Présent	Imparfait	Passé simple	Futur simple
je	pèle	pelais	pelai	pèlerai
tu	pèles	pelais	pelas	pèleras
il/elle/on	pèle	pelait	pela	pèlera
nous	pelons	pelions	pelâmes	pèlerons
vous	pelez	peliez	pelâtes	pèlerez
ils/elles	pèlent	pelaient	pelèrent	pèleront

	Passé composé	Plus-que-parfait	Passé antérieur	Futur antérieur
j'	ai pelé	avais pelé	eus pelé	aurai pelé
tu	as pelé	avais pelé	eus pelé	auras pelé
il/elle/on	a pelé	avait pelé	eut pelé	aura pelé
nous	avons pelé	avions pelé	eûmes pelé	aurons pelé
vous	avez pelé	aviez pelé	eûtes pelé	aurez pelé
ils/elles	ont pelé	avaient pelé	eurent pelé	auront pelé

Subjonctif

	Présent	Passé	Imparfait	Plus-que-parfait
que je/j'	pèle	aie pelé	pelasse	eusse pelé
que tu	pèles	aies pelé	pelasses	eusses pelé
qu'il/elle/on	pèle	ait pelé	pelât	eût pelé
que nous	pelions	ayons pelé	pelassions	eussions pelé
que vous	pelions	ayez pelé	pelassiez	eussiez pelé
qu'ils/elles	pèlent	aient pelé	pelassent	eussent pelé

Conditionnel / Impératif / Modes impersonnels

	Présent	Passé		Infinitif
je/j'	pèlerais	aurais pelé		peler
tu	pèlerais	aurais pelé	pèle	**Participe présent**
il/elle/on	pèlerait	aurait pelé		pelant
nous	pèlerions	aurions pelé	pelons	**Participe passé**
vous	pèleriez	auriez pelé	pelez	pelé(e)(s)
ils/elles	pèleraient	auraient pelé		

3.3.9 appeler *(an)rufen*

▶ Der letzte Konsonant der stammbetonten Formen im **présent**, **impératif**, **futur simple** und **conditionnel présent** wird verdoppelt: **l** → **ll**.

Indicatif

	Présent	Imparfait	Passé simple	Futur simple
j'	appelle	appelais	appelai	appellerai
tu	appelles	appelais	appelas	appelleras
il/elle/on	appelle	appelait	appela	appellera
nous	appelons	appelions	appelâmes	appellerons
vous	appelez	appeliez	appelâtes	appellerez
ils/elles	appellent	appelaient	appelèrent	appelleront

	Passé composé	Plus-que-parfait	Passé antérieur	Futur antérieur
j'	ai appelé	avais appelé	eus appelé	aurai appelé
tu	as appelé	avais appelé	eus appelé	auras appelé
il/elle/on	a appelé	avait appelé	eut appelé	aura appelé
nous	avons appelé	avions appelé	eûmes appelé	aurons appelé
vous	avez appelé	aviez appelé	eûtes appelé	aurez appelé
ils/elles	ont appelé	avaient appelé	eurent appelé	auront appelé

Subjonctif

	Présent	Passé	Imparfait	Plus-que-parfait
que j'	appelle	aie appelé	appelasse	eusse appelé
que tu	appelles	aies appelé	appelasses	eusses appelé
qu'il/elle/on	appelle	ait appelé	appelât	eût appelé
que nous	appelions	ayons appelé	appelassions	eussions appelé
que vous	appeliez	ayez appelé	appelassiez	eussiez appelé
qu'ils/elles	appellent	aient appelé	appelassent	eussent appelé

Conditionnel / Impératif / Modes impersonnels

	Présent	Passé		Infinitif
j'	appellerais	aurais appelé		appeler
tu	appellerais	aurais appelé	appelle	**Participe présent**
il/elle/on	appellerait	aurait appelé		appelant
nous	appellerions	aurions appelé	appelons	**Participe passé**
vous	appelleriez	auriez appelé	appelez	appelé(e)(s)
ils/elles	appelleraient	auraient appelé		

3.3.10 interpeller *jm zurufen, vorläufig festnehmen*

▶ Das doppelte **l** bleibt bei allen Verbformen erhalten, obwohl das **e** der in der Tabelle blau gedruckten Formen [ə] ausgesprochen wird (wie bei **appeler**).
Die Schreibung **interpeler**, die der Aussprache der jeweiligen Formen entspricht, wird in den Empfehlungen zur Vereinfachung der Rechtschreibung vorgeschlagen.

Indicatif

	Présent	Imparfait	Passé simple	Futur simple
j'	interpelle	interpellais	interpellai	interpellerai
tu	interpelles	interpellais	interpellas	interpelleras
il/elle/on	interpelle	interpellait	interpella	interpellera
nous	interpellons	interpellions	interpellâmes	interpellerons
vous	interpellez	interpelliez	interpellâtes	interpellerez
ils/elles	interpellent	interpellaient	interpellèrent	interpelleront

	Passé composé		Plus-que-parfait		Passé antérieur		Futur antérieur	
j'	ai	interpellé	avais	interpellé	eus	interpellé	aurai	interpellé
tu	as	interpellé	avais	interpellé	eus	interpellé	auras	interpellé
il/elle/on	a	interpellé	avait	interpellé	eut	interpellé	aura	interpellé
nous	avons	interpellé	avions	interpellé	eûmes	interpellé	aurons	interpellé
vous	avez	interpellé	aviez	interpellé	eûtes	interpellé	aurez	interpellé
ils/elles	ont	interpellé	avaient	interpellé	eurent	interpellé	auront	interpellé

Subjonctif

	Présent	Passé		Imparfait	Plus-que-parfait	
que j'	interpelle	aie	interpellé	interpellasse	eusse	interpellé
que tu	interpelles	aies	interpellé	interpellasses	eusses	interpellé
qu'il/elle/on	interpelle	ait	interpellé	interpellât	eût	interpellé
que nous	interpellions	ayons	interpellé	interpellassions	eussions	interpellé
que vous	interpelliez	ayez	interpellé	interpellassiez	eussiez	interpellé
qu'ils/elles	interpellent	aient	interpellé	interpellassent	eussent	interpellé

Conditionnel / Impératif / Modes impersonnels

	Présent	Passé		Impératif	Modes impersonnels
					Infinitif
j'	interpellerais	aurais	interpellé		interpeller
tu	interpellerais	aurais	interpellé	interpelle	**Participe présent**
il/elle/on	interpellerait	aurait	interpellé		interpellant
nous	interpellerions	aurions	interpellé	interpellons	**Participe passé**
vous	interpelleriez	auriez	interpellé	interpellez	interpellé(e)(s)
ils/elles	interpelleraient	auraient	interpellé		

3.3.11 espérer *hoffen*

- In den stammbetonten Formen wird das **é** des Stamms durch **è** ersetzt: **é** → **è**.
- Im **futur simple** und **conditionnel présent** wird die Schreibung **é** trotz der Aussprache eines [ɛ]-Lauts beibehalten. Die Schreibung mit **accent grave è**, die der Aussprache der jeweiligen Formen entspricht, wird in den Empfehlungen zur Vereinfachung der Rechtschreibung vorgeschlagen.

Indicatif

	Présent	Imparfait	Passé simple	Futur simple
j'	espère	espérais	espérai	espérerai
tu	espères	espérais	espéras	espéreras
il/elle/on	espère	espérait	espéra	espérera
nous	espérons	espérions	espérâmes	espérerons
vous	espérez	espériez	espérâtes	espérerez
ils/elles	espèrent	espéraient	espérèrent	espéreront

	Passé composé	Plus-que-parfait	Passé antérieur	Futur antérieur
j'	ai espéré	avais espéré	eus espéré	aurai espéré
tu	as espéré	avais espéré	eus espéré	auras espéré
il/elle/on	a espéré	avait espéré	eut espéré	aura espéré
nous	avons espéré	avions espéré	eûmes espéré	aurons espéré
vous	avez espéré	aviez espéré	eûtes espéré	aurez espéré
ils/elles	ont espéré	avaient espéré	eurent espéré	auront espéré

Subjonctif

	Présent	Passé	Imparfait	Plus-que-parfait
que j'	espère	aie espéré	espérasse	eusse espéré
que tu	espères	aies espéré	espérasses	eusses espéré
qu'il/elle/on	espère	ait espéré	espérât	eût espéré
que nous	espérions	ayons espéré	espérassions	eussions espéré
que vous	espériez	ayez espéré	espérassiez	eussiez espéré
qu'ils/elles	espèrent	aient espéré	espérassent	eussent espéré

Conditionnel / Impératif / Modes impersonnels

	Présent	Passé	Impératif	Modes impersonnels
				Infinitif
j'	espérerais	aurais espéré		espérer
tu	espérerais	aurais espéré	espère	**Participe présent**
il/elle/on	espérerait	aurait espéré		espérant
nous	espérerions	aurions espéré	espérons	**Participe passé**
vous	espéreriez	auriez espéré	espérez	espéré(e)(s)
ils/elles	espéreraient	auraient espéré		

3.3.12 dépecer *zerstückeln, zerlegen*

▶ Vereint Besonderheiten von 3.3.1 (**c** → **ç** vor **a** und **o**) und 3.3.6 (**e** → **è** in den stammbetonten Formen).

Indicatif

	Présent	Imparfait	Passé simple	Futur simple
je	dépèce	dépeçais	dépeçai	dépècerai
tu	dépèces	dépeçais	dépeças	dépèceras
il/elle/on	dépèce	dépeçait	dépeça	dépècera
nous	dépeçons	dépecions	dépeçâmes	dépècerons
vous	dépecez	dépeciez	dépeçâtes	dépècerez
ils/elles	dépècent	dépeçaient	dépecèrent	dépèceront

	Passé composé	Plus-que-parfait	Passé antérieur	Futur antérieur
j'	ai dépecé	avais dépecé	eus dépecé	aurai dépecé
tu	as dépecé	avais dépecé	eus dépecé	auras dépecé
il/elle/on	a dépecé	avait dépecé	eut dépecé	aura dépecé
nous	avons dépecé	avions dépecé	eûmes dépecé	aurons dépecé
vous	avez dépecé	aviez dépecé	eûtes dépecé	aurez dépecé
ils/elles	ont dépecé	avaient dépecé	eurent dépecé	auront dépecé

Subjonctif

	Présent	Passé	Imparfait	Plus-que-parfait
que je/j'	dépèce	aie dépecé	dépeçasse	eusse dépecé
que tu	dépèces	aies dépecé	dépeçasses	eusses dépecé
qu'il/elle/on	dépèce	ait dépecé	dépeçât	eût dépecé
que nous	dépecions	ayons dépecé	dépeçassions	eussions dépecé
que vous	dépeciez	ayez dépecé	dépeçassiez	eussiez dépecé
qu'ils/elles	dépècent	aient dépecé	dépeçassent	eussent dépecé

Conditionnel / Impératif / Modes impersonnels

	Présent	Passé		Infinitif
je/j'	dépècerais	aurais dépecé		dépecer
tu	dépècerais	aurais dépecé	dépèce	**Participe présent**
il/elle/on	dépècerait	aurait dépecé		dépeçant
nous	dépècerions	aurions dépecé	dépeçons	**Participe passé**
vous	dépèceriez	auriez dépecé	dépecez	dépecé(e)(s)
ils/elles	dépèceraient	auraient dépecé		

3.3.13 rapiécer *flicken*

▶ Vereint Besonderheiten von 3.3.1 (**c** → **ç** vor **a** und **o**) und 3.3.11 (**é** → **è** in den stammbetonten Formen).

Indicatif

	Présent	Imparfait	Passé simple	Futur simple
je	rapièce	rapiéçais	rapiéçai	rapiécerai
tu	rapièces	rapiéçais	rapiéças	rapiéceras
il/elle/on	rapièce	rapiéçait	rapiéça	rapiécera
nous	rapiéçons	rapiécions	rapiéçâmes	rapiécerons
vous	rapiécez	rapiéciez	rapiéçâtes	rapiécerez
ils/elles	rapiècent	rapiéçaient	rapiécèrent	rapiéceront

	Passé composé	Plus-que-parfait	Passé antérieur	Futur antérieur
j'	ai rapiécé	avais rapiécé	eus rapiécé	aurai rapiécé
tu	as rapiécé	avais rapiécé	eus rapiécé	auras rapiécé
il/elle/on	a rapiécé	avait rapiécé	eut rapiécé	aura rapiécé
nous	avons rapiécé	avions rapiécé	eûmes rapiécé	aurons rapiécé
vous	avez rapiécé	aviez rapiécé	eûtes rapiécé	aurez rapiécé
ils/elles	ont rapiécé	avaient rapiécé	eurent rapiécé	auront rapiécé

Subjonctif

	Présent	Passé	Imparfait	Plus-que-parfait
que je/j'	rapièce	aie rapiécé	rapiéçasse	eusse rapiécé
que tu	rapièces	aies rapiécé	rapiéçasses	eusses rapiécé
qu'il/elle/on	rapièce	ait rapiécé	rapiéçât	eût rapiécé
que nous	rapiécions	ayons rapiécé	rapiéçassions	eussions rapiécé
que vous	rapiéciez	ayez rapiécé	rapiéçassiez	eussiez rapiécé
qu'ils/elles	rapiècent	aient rapiécé	rapiéçassent	eussent rapiécé

Conditionnel / Impératif / Modes impersonnels

	Présent	Passé	Impératif	Modes impersonnels
				Infinitif
je/j'	rapiécerais	aurais rapiécé		rapiécer
tu	rapiécerais	aurais rapiécé	rapièce	**Participe présent**
il/elle/on	rapiécerait	aurait rapiécé		rapiéçant
nous	rapiécerions	aurions rapiécé	rapiéçons	**Participe passé**
vous	rapiéceriez	auriez rapiécé	rapiécez	rapiécé(e)(s)
ils/elles	rapiéceraient	auraient rapiécé		

3.3.14 protéger *schützen*

▶ Vereint Besonderheiten von 3.3.2 (Hinzufügen eines **e** zur Erhaltung des [ʒ]-Lauts) und 3.3.11 (**é** → **è** in den stammbetonten Formen).

Indicatif

	Présent	Imparfait	Passé simple	Futur simple
je	protège	protégeais	protégeai	protégerai
tu	protèges	protégeais	protégeas	protégeras
il/elle/on	protège	protégeait	protégea	protégera
nous	protégeons	protégions	protégeâmes	protégerons
vous	protégez	protégiez	protégeâtes	protégerez
ils/elles	protègent	protégeaient	protégèrent	protégeront

	Passé composé		Plus-que-parfait		Passé antérieur		Futur antérieur	
j'	ai	protégé	avais	protégé	eus	protégé	aurai	protégé
tu	as	protégé	avais	protégé	eus	protégé	auras	protégé
il/elle/on	a	protégé	avait	protégé	eut	protégé	aura	protégé
nous	avons	protégé	avions	protégé	eûmes	protégé	aurons	protégé
vous	avez	protégé	aviez	protégé	eûtes	protégé	aurez	protégé
ils/elles	ont	protégé	avaient	protégé	eurent	protégé	auront	protégé

Subjonctif

	Présent	Passé		Imparfait	Plus-que-parfait	
que je/j'	protège	aie	protégé	protégeasse	eusse	protégé
que tu	protèges	aies	protégé	protégeasses	eusses	protégé
qu'il/elle/on	protège	ait	protégé	protégeât	eût	protégé
que nous	protégions	ayons	protégé	protégeassions	eussions	protégé
que vous	protégiez	ayez	protégé	protégeassiez	eussiez	protégé
qu'ils/elles	protègent	aient	protégé	protégeassent	eussent	rapiécé

Conditionnel

	Présent	Passé	
je/j'	protégerais	aurais	protégé
tu	protégerais	aurais	protégé
il/elle/on	protégerait	aurait	protégé
nous	protégerions	aurions	protégé
vous	protégeriez	auriez	protégé
ils/elles	protégeraient	auraient	protégé

Impératif

protège
protégeons
protégez

Modes impersonnels

Infinitif
protéger
Participe présent
protégeant
Participe passé
protégé(e)(s)

4 Regelmäßige Verben auf -ir

4.1 finir *beenden*

▶ Stammerweiterung durch **-iss-** bei den Pluralformen des **présent** und **impératif**, bei allen Personen des **subjonctif présent** und **imparfait** sowie beim **participe présent**.

Indicatif

	Présent	Imparfait	Passé simple	Futur simple
je	fin**is**	fin**issais**	fin**is**	fini**rai**
tu	fin**is**	fin**issais**	fin**is**	fini**ras**
il/elle/on	fin**it**	fin**issait**	fin**it**	fini**ra**
nous	fin**issons**	fin**issions**	fin**îmes**	fini**rons**
vous	fin**issez**	fin**issiez**	fin**îtes**	fini**rez**
ils/elles	fin**issent**	fin**issaient**	fin**irent**	fini**ront**

	Passé composé	Plus-que-parfait	Passé antérieur	Futur antérieur
j'	ai fini	avais fini	eus fini	aurai fini
tu	as fini	avais fini	eus fini	auras fini
il/elle/on	a fini	avait fini	eut fini	aura fini
nous	avons fini	avions fini	eûmes fini	aurons fini
vous	avez fini	aviez fini	eûtes fini	aurez fini
ils/elles	ont fini	avaient fini	eurent fini	auront fini

Subjonctif

	Présent	Passé	Imparfait	Plus-que-parfait
que je/j'	fin**isse**	aie fini	fin**isse**	eusse fini
que tu	fin**isses**	aies fini	fin**isses**	eusses fini
qu'il/elle/on	fin**isse**	ait fini	fin**ît**	eût fini
que nous	fin**issions**	ayons fini	fin**issions**	eussions fini
que vous	fin**issiez**	ayez fini	fin**issiez**	eussiez fini
qu'ils/elles	fin**issent**	aient fini	fin**issent**	eussent fini

Conditionnel / Impératif / Modes impersonnels

	Présent	Passé	Impératif	Modes impersonnels
				Infinitif
je/j'	fini**rais**	aurais fini		fin**ir**
tu	fini**rais**	aurais fini	fin**is**	**Participe présent**
il/elle/on	fini**rait**	aurait fini		fin**issant**
nous	fini**rions**	aurions fini	fin**issons**	**Participe passé**
vous	fini**riez**	auriez fini	fin**issez**	fini**(e)(s)**
ils/elles	fini**raient**	auraient fini		

4.2 haïr *hassen*

▶ Gleiche Konjugation wie **finir**. Wegfall des **tréma** im Singular des **présent** und **impératif**, um die Aussprache [ɛ] zu realisieren.

Indicatif

	Présent	Imparfait	Passé simple	Futur simple
je	hais	haïssais	haïs	haïrai
tu	hais	haïssais	haïs	haïras
il/elle/on	hait	haïssait	haït	haïra
nous	haïssons	haïssions	haïmes	haïrons
vous	haïssez	haïssiez	haïtes	haïrez
ils/elles	haïssent	haïssaient	haïrent	haïront

	Passé composé	Plus-que-parfait	Passé antérieur	Futur antérieur
je/j'	ai haï	avais haï	eus haï	aurai haï
tu	as haï	avais haï	eus haï	auras haï
il/elle/on	a haï	avait haï	eut haï	aura haï
nous	avons haï	avions haï	eûmes haï	aurons haï
vous	avez haï	aviez haï	eûtes haï	aurez haï
ils/elles	ont haï	avaient haï	eurent haï	auront haï

Subjonctif

	Présent	Passé	Imparfait	Plus-que-parfait
que je/j'	haïsse	aie haï	haïsse	eusse haï
que tu	haïsses	aies haï	haïsses	eusses haï
qu'il/elle/on	haïsse	ait haï	haït	eût haï
que nous	haïssions	ayons haï	haïssions	eussions haï
que vous	haïssiez	ayez haï	haïssiez	eussiez haï
qu'ils/elles	haïssent	aient haï	haïssent	eussent haï

Conditionnel / Impératif / Modes impersonnels

	Présent	Passé		Infinitif
je/j'	haïrais	aurais haï		haïr
tu	haïrais	aurais haï	hais	**Participe présent**
il/elle/on	haïrait	aurait haï		haïssant
nous	haïrions	aurions haï	haïssons	**Participe passé**
vous	haïriez	auriez haï	haïssez	haï(e)(s)
ils/elles	haïraient	auraient haï		

4.3 dormir *schlafen*

▶ Bei den Verben dieses Typs verliert der Stamm im Singular des **présent** und **impératif** seinen Endkonsonanten.

Indicatif

	Présent	Imparfait	Passé simple	Futur simple
je	dors	dormais	dormis	dormirai
tu	dors	dormais	dormis	dormiras
il/elle/on	dort	dormait	dormit	dormira
nous	dormons	dormions	dormîmes	dormirons
vous	dormez	dormiez	dormîtes	dormirez
ils/elles	dorment	dormaient	dormirent	dormiront

	Passé composé	Plus-que-parfait	Passé antérieur	Futur antérieur
j'	ai dormi	avais dormi	eus dormi	aurai dormi
tu	as dormi	avais dormi	eus dormi	auras dormi
il/elle/on	a dormi	avait dormi	eut dormi	aura dormi
nous	avons dormi	avions dormi	eûmes dormi	aurons dormi
vous	avez dormi	aviez dormi	eûtes dormi	aurez dormi
ils/elles	ont dormi	avaient dormi	eurent dormi	auront dormi

Subjonctif

	Présent	Passé	Imparfait	Plus-que-parfait
que je/j'	dorme	aie dormi	dormisse	eusse dormi
que tu	dormes	aies dormi	dormisses	eusses dormi
qu'il/elle/on	dorme	ait dormi	dormît	eût dormi
que nous	dormions	ayons dormi	dormissions	eussions dormi
que vous	dormiez	ayez dormi	dormissiez	eussiez dormi
qu'ils/elles	dorment	aient dormi	dormissent	eussent dormi

Conditionnel / Impératif / Modes impersonnels

	Présent	Passé		Infinitif
je/j'	dormirais	aurais dormi		dormir
tu	dormirais	aurais dormi	dors	**Participe présent**
il/elle/on	dormirait	aurait dormi		dormant
nous	dormirions	aurions dormi	dormons	**Participe passé**
vous	dormiriez	auriez dormi	dormez	dormi
ils/elles	dormiraient	auraient dormi		

5 Regelmäßige Verben auf -re

5.1 attendre *warten*

▶ Das **d** des Stammes wird bei allen Verben auf **-dre** (außer **prendre** und den Verben auf **-indre** und **-soudre**) bei allen Personen beibehalten und schließt in der 3. Person Singular des **présent** die Endung **-t** aus.

Indicatif

	Présent	Imparfait	Passé simple	Futur simple
j'	atten**ds**	attend**ais**	attend**is**	attendr**ai**
tu	atten**ds**	attend**ais**	attend**is**	attendr**as**
il/elle/on	atten**d**	attend**ait**	attend**it**	attendr**a**
nous	attend**ons**	attend**ions**	attend**îmes**	attendr**ons**
vous	attend**ez**	attend**iez**	attend**îtes**	attendr**ez**
ils/elles	attend**ent**	attend**aient**	attend**irent**	attendr**ont**

	Passé composé	Plus-que-parfait	Passé antérieur	Futur antérieur
j'	ai attend**u**	avais attend**u**	eus attend**u**	aurai attend**u**
tu	as attend**u**	avais attend**u**	eus attend**u**	auras attend**u**
il/elle/on	a attend**u**	avait attend**u**	eut attend**u**	aura attend**u**
nous	avons attend**u**	avions attend**u**	eûmes attend**u**	aurons attend**u**
vous	avez attend**u**	aviez attend**u**	eûtes attend**u**	aurez attend**u**
ils/elles	ont attend**u**	avaient attend**u**	eurent attend**u**	auront attend**u**

Subjonctif

	Présent	Passé	Imparfait	Plus-que-parfait
que j'	attend**e**	aie attend**u**	attendi**sse**	eusse attend**u**
que tu	attend**es**	aies attend**u**	attendi**sses**	eusses attend**u**
qu'il/elle/on	attend**e**	ait attend**u**	attend**ît**	eût attend**u**
que nous	attend**ions**	ayons attend**u**	attendi**ssions**	eussions attend**u**
que vous	attend**iez**	ayez attend**u**	attendi**ssiez**	eussiez attend**u**
qu'ils/elles	attend**ent**	aient attend**u**	attendi**ssent**	eussent attend**u**

Conditionnel / Impératif / Modes impersonnels

	Présent	Passé		Infinitif
j'	attendr**ais**	aurais attend**u**		attend**re**
tu	attendr**ais**	aurais attend**u**	atten**ds**	**Participe présent**
il/elle/on	attendr**ait**	aurait attend**u**		attend**ant**
nous	attendr**ions**	aurions attend**u**	attend**ons**	**Participe passé**
vous	attendr**iez**	auriez attend**u**	attend**ez**	attend**u(e)(s)**
ils/elles	attendr**aient**	auraient attend**u**		

5.2 rompre *brechen*

▶ Das **p** des Infinitivs bleibt in allen Formen erhalten. Die 3. Person Singular des **présent** endet auf **-t**.

Indicatif

	Présent	Imparfait	Passé simple	Futur simple
je	romp**s**	romp**ais**	romp**is**	rompr**ai**
tu	romp**s**	romp**ais**	romp**is**	rompr**as**
il/elle/on	romp**t**	romp**ait**	romp**it**	rompr**a**
nous	romp**ons**	romp**ions**	romp**îmes**	rompr**ons**
vous	romp**ez**	romp**iez**	romp**îtes**	rompr**ez**
ils/elles	romp**ent**	romp**aient**	romp**irent**	rompr**ont**

	Passé composé	Plus-que-parfait	Passé antérieur	Futur antérieur
j'	ai romp**u**	avais romp**u**	eus romp**u**	aurai romp**u**
tu	as romp**u**	avais romp**u**	eus romp**u**	auras romp**u**
il/elle/on	a romp**u**	avait romp**u**	eut romp**u**	aura romp**u**
nous	avons romp**u**	avions romp**u**	eûmes romp**u**	aurons romp**u**
vous	avez romp**u**	aviez romp**u**	eûtes romp**u**	aurez romp**u**
ils/elles	ont romp**u**	avaient romp**u**	eurent romp**u**	auront romp**u**

Subjonctif

	Présent	Passé	Imparfait	Plus-que-parfait
que je/j'	romp**e**	aie romp**u**	romp**isse**	eusse romp**u**
que tu	romp**es**	aies romp**u**	romp**isses**	eusses romp**u**
qu'il/elle/on	romp**e**	ait romp**u**	romp**ît**	eût romp**u**
que nous	romp**ions**	ayons romp**u**	romp**issions**	eussions romp**u**
que vous	romp**iez**	ayez romp**u**	romp**issiez**	eussiez romp**u**
qu'ils/elles	romp**ent**	aient romp**u**	romp**issent**	eussent romp**u**

Conditionnel / Impératif / Modes impersonnels

	Présent	Passé	Impératif	Modes impersonnels
				Infinitif
je/j'	rompr**ais**	aurais romp**u**		romp**re**
tu	rompr**ais**	aurais romp**u**	romps	**Participe présent**
il/elle/on	rompr**ait**	aurait romp**u**		romp**ant**
nous	rompr**ions**	aurions romp**u**	rompons	**Participe passé**
vous	rompr**iez**	auriez romp**u**	rompez	romp**u(e)(s)**
ils/elles	rompr**aient**	auraient romp**u**		

6 Unregelmäßige Verben

6.1 accueillir *empfangen*

Indicatif

	Présent	Imparfait	Passé simple	Futur simple
j'	accueille	accueillais	accueillis	accueillerai
tu	accueilles	accueillais	accueillis	accueilleras
il/elle/on	accueille	accueillait	accueillit	accueillera
nous	accueillons	accueillions	accueillîmes	accueillerons
vous	accueillez	accueilliez	accueillîtes	accueillerez
ils/elles	accueillent	accueillaient	accueillirent	accueilleront

	Passé composé	Plus-que-parfait	Passé antérieur	Futur antérieur
j'	ai accueilli	avais accueilli	eus accueilli	aurai accueilli
tu	as accueilli	avais accueilli	eus accueilli	auras accueilli
il/elle/on	a accueilli	avait accueilli	eut accueilli	aura accueilli
nous	avons accueilli	avions accueilli	eûmes accueilli	aurons accueilli
vous	avez accueilli	aviez accueilli	eûtes accueilli	aurez accueilli
ils/elles	ont accueilli	avaient accueilli	eurent accueilli	auront accueilli

Subjonctif

	Présent	Passé	Imparfait	Plus-que-parfait
que j'	accueille	aie accueilli	accueillisse	eusse accueilli
que tu	accueilles	aies accueilli	accueillisses	eusses accueilli
qu'il/elle/on	accueille	ait accueilli	accueillît	eût accueilli
que nous	accueillions	ayons accueilli	accueillissions	eussions accueilli
que vous	accueilliez	ayez accueilli	accueillissiez	eussiez accueilli
qu'ils/elles	accueillent	aient accueilli	accueillissent	eussent accueilli

Conditionnel / Impératif / Modes impersonnels

	Présent	Passé		**Infinitif**
j'	accueillerais	aurais accueilli		accueillir
tu	accueillerais	aurais accueilli	accueille	**Participe présent**
il/elle/on	accueillerait	aurait accueilli		accueillant
nous	accueillerions	aurions accueilli	accueillons	**Participe passé**
vous	accueilleriez	auriez accueilli	accueillez	accueilli(e)(s)
ils/elles	accueilleraient	auraient accueilli		

6.2 acquérir *erwerben*

Indicatif

	Présent	Imparfait	Passé simple	Futur simple
j'	acquiers	acquérais	acquis	acquerrai
tu	acquiers	acquérais	acquis	acquerras
il/elle/on	acquiert	acquérait	acquit	acquerra
nous	acquérons	acquérions	acquîmes	acquerrons
vous	acquérez	acquériez	acquîtes	acquerrez
ils/elles	acquièrent	acquéraient	acquirent	acquerront

	Passé composé	Plus-que-parfait	Passé antérieur	Futur antérieur
j'	ai acquis	avais acquis	eus acquis	aurai acquis
tu	as acquis	avais acquis	eus acquis	auras acquis
il/elle/on	a acquis	avait acquis	eut acquis	aura acquis
nous	avons acquis	avions acquis	eûmes acquis	aurons acquis
vous	avez acquis	aviez acquis	eûtes acquis	aurez acquis
ils/elles	ont acquis	avaient acquis	eurent acquis	auront acquis

Subjonctif

	Présent	Passé	Imparfait	Plus-que-parfait
que j'	acquière	aie acquis	acquisse	eusse acquis
que tu	acquières	aies acquis	acquisses	eusses acquis
qu'il/elle/on	acquière	ait acquis	acquît	eût acquis
que nous	acquérions	ayons acquis	acquissions	eussions acquis
que vous	acquériez	ayez acquis	acquissiez	eussiez acquis
qu'ils/elles	acquièrent	aient acquis	acquissent	eussent acquis

Conditionnel / Impératif / Modes impersonnels

	Présent	Passé		Infinitif
j'	acquerrais	aurais acquis		acquérir
tu	acquerrais	aurais acquis	acquiers	**Participe présent**
il/elle/on	acquerrait	aurait acquis		acquérant
nous	acquerrions	aurions acquis	acquérons	**Participe passé**
vous	acquerriez	auriez acquis	acquérez	acquis(e)(s)
ils/elles	acquerraient	auraient acquis		

6.3 asseoir *(fest)setzen*

▶ Dieses Verb hat zwei Konjugationsmuster: Formen auf **ie** und **ey** (im geschriebenen Französisch gebräuchlicher) und Formen auf **oi** und **oy**.

Indicatif

	Présent	Imparfait	Passé simple	Futur simple
j'	assieds / assois	asseyais / assoyais	assis	assiérai / assoirai
tu	assieds / assois	asseyais / assoyais	assis	assiéras / assoiras
il/elle/on	assied / assoit	asseyais / assoyait	assit	assiéra / assoira
nous	asseyons / assoyons	asseyions / assoyions	assîmes	assiérons / assoirons
vous	asseyez / assoyez	asseyiez / assoyiez	assîtes	assiérez / assoirez
ils/elles	asseyent / assoient	asseyaient / assoyaient	assirent	assiéront / assoiront

	Passé composé	Plus-que-parfait	Passé antérieur	Futur antérieur
je/j'	ai assis	avais assis	eus assis	aurai assis
tu	as assis	avais assis	eus assis	auras assis
il/elle/on	a assis	avait assis	eut assis	aura assis
nous	avons assis	avions assis	eûmes assis	aurons assis
vous	avez assis	aviez assis	eûtes assis	aurez assis
ils/elles	ont assis	avaient assis	eurent assis	auront assis

Subjonctif

	Présent	Passé	Imparfait	Plus-que-parfait
que j'	asseye / assoie	aie assis	assisse	eusse assis
que tu	asseyes / assoies	aies assis	assisses	eusses assis
qu'il/elle/on	asseye / assoie	ait assis	assît	eût assis
que nous	asseyions/ assoyions	ayons assis	assissions	eussions assis
que vous	asseyiez / assoyiez	ayez assis	assissiez	eussiez assis
qu'ils/elles	asseyent / assoient	aient assis	assissent	eussent assis

Conditionnel / Impératif / Modes impersonnels

	Présent	Passé		Infinitif
j'	assiérais / assoirais	aurais assis		asseoir
tu	assiérais / assoirais	aurais assis	assieds / assois	**Participe présent**
il/elle/on	assiérait / assoirait	aurait assis		asseyant / assoyant
nous	assiérions / assoirions	aurions assis	asseyons / assoyons	**Participe passé**
				assis(e)(s)
vous	assiériez / assoiriez	auriez assis	asseyez / assoyez	
ils/elles	assiéraient / assoiraient	auraient assis		

6.4 atteindre *erreichen, treffen*

▶ Das **d** des Infinitivs bleibt nur im **futur simple** und **conditionnel présent** erhalten. Die Pluralformen des **présent** und alle Formen des **passé simple** sowie die von diesen Formen abgeleiteten Zeiten werden mit **gn** gebildet.

Indicatif

	Présent	Imparfait	Passé simple	Futur simple
j'	atteins	atteignais	atteignis	atteindrai
tu	atteins	atteignais	atteignis	atteindras
il/elle/on	atteint	atteignait	atteignit	atteindra
nous	atteignons	atteignions	atteignîmes	atteindrons
vous	atteignez	atteigniez	atteignîtes	atteindrez
ils/elles	atteignent	atteignaient	atteignirent	atteindront

	Passé composé	Plus-que-parfait	Passé antérieur	Futur antérieur
j'	ai atteint	avais atteint	eus atteint	aurai atteint
tu	as atteint	avais atteint	eus atteint	auras atteint
il/elle/on	a atteint	avait atteint	eut atteint	aura atteint
nous	avons atteint	avions atteint	eûmes atteint	aurons atteint
vous	avez atteint	aviez atteint	eûtes atteint	aurez atteint
ils/elles	ont atteint	avaient atteint	eurent atteint	auront atteint

Subjonctif

	Présent	Passé	Imparfait	Plus-que-parfait
que j'	atteigne	aie atteint	atteignisse	eusse atteint
que tu	atteignes	aies atteint	atteignisses	eusses atteint
qu'il/elle/on	atteigne	ait atteint	atteignît	eût atteint
que nous	atteignions	ayons atteint	atteignissions	eussions atteint
que vous	atteigniez	ayez atteint	atteignissiez	eussiez atteint
qu'ils/elles	atteignent	aient atteint	atteignissent	eussent atteint

Conditionnel / Impératif / Modes impersonnels

	Présent	Passé	Impératif	Modes impersonnels
				Infinitif
j'	atteindrais	aurais atteint		atteindre
tu	atteindrais	aurais atteint	atteins	**Participe présent**
il/elle/on	atteindrait	aurait atteint		atteignant
nous	atteindrions	aurions atteint	atteignons	**Participe passé**
vous	atteindriez	auriez atteint	atteignez	atteint(e)(s)
ils/elles	atteindraient	auraient atteint		

6.5 battre *schlagen, kämpfen*

Indicatif

	Présent	Imparfait	Passé simple	Futur simple
je	bats	battais	battis	battrai
tu	bats	battais	battis	battras
il/elle/on	bat	battait	battit	battra
nous	battons	battions	battîmes	battrons
vous	battez	battiez	battîtes	battrez
ils/elles	battent	battaient	battirent	battront

	Passé composé	Plus-que-parfait	Passé antérieur	Futur antérieur
j'	ai battu	avais battu	eus battu	aurai battu
tu	as battu	avais battu	eus battu	auras battu
il/elle/on	a battu	avait battu	eut battu	aura battu
nous	avons battu	avions battu	eûmes battu	aurons battu
vous	avez battu	aviez battu	eûtes battu	aurez battu
ils/elles	ont battu	avaient battu	eurent battu	auront battu

Subjonctif

	Présent	Passé	Imparfait	Plus-que-parfait
que je/j'	batte	aie battu	battisse	eusse battu
que tu	battes	aies battu	battisses	eusses battu
qu'il/elle/on	batte	ait battu	battît	eût battu
que nous	battions	ayons battu	battissions	eussions battu
que vous	battiez	ayez battu	battissiez	eussiez battu
qu'ils/elles	battent	aient battu	battissent	eussent battu

Conditionnel / Impératif / Modes impersonnels

	Présent	Passé		**Infinitif**
je/j'	battrais	aurais battu		battre
tu	battrais	aurais battu	bats	**Participe présent**
il/elle/on	battrait	aurait battu		battant
nous	battrions	aurions battu	battons	**Participe passé**
vous	battriez	auriez battu	battez	battu(e)(s)
ils/elles	battraient	auraient battu		

6.6 boire *trinken*

Indicatif

	Présent	Imparfait	Passé simple	Futur simple
je	bois	buvais	bus	boirai
tu	bois	buvais	bus	boiras
il/elle/on	boit	buvait	but	boira
nous	buvons	buvions	bûmes	boirons
vous	buvez	buviez	bûtes	boirez
ils/elles	boivent	buvaient	burent	boiront

	Passé composé	Plus-que-parfait	Passé antérieur	Futur antérieur
j'	ai bu	avais bu	eus bu	aurai bu
tu	as bu	avais bu	eus bu	auras bu
il/elle/on	a bu	avait bu	eut bu	aura bu
nous	avons bu	avions bu	eûmes bu	aurons bu
vous	avez bu	aviez bu	eûtes bu	aurez bu
ils/elles	ont bu	avaient bu	eurent bu	auront bu

Subjonctif

	Présent	Passé	Imparfait	Plus-que-parfait
que je/j'	boive	aie bu	busse	eusse bu
que tu	boives	aies bu	busses	eusses bu
qu'il/elle/on	boive	ait bu	bût	eût bu
que nous	buvions	ayons bu	bussions	eussions bu
que vous	buviez	ayez bu	bussiez	eussiez bu
qu'ils/elles	boivent	aient bu	bussent	eussent bu

Conditionnel / Impératif / Modes impersonnels

	Présent	Passé	Impératif	Modes impersonnels
				Infinitif
je/j'	boirais	aurais bu		boire
tu	boirais	aurais bu	bois	**Participe présent**
il/elle/on	boirait	aurait bu		buvant
nous	boirions	aurions bu	buvons	**Participe passé**
vous	boiriez	auriez bu	buvez	bu(e)(s)
ils/elles	boiraient	auraient bu		

6.7 bouillir *kochen, sieden*

▶ Wegfall von **ill** in der 1., 2. und 3. Person Singular des **présent** sowie in der 2. Person des **impératif**.

Indicatif

	Présent	Imparfait	Passé simple	Futur simple
je	bous	bouillais	bouillis	bouillirai
tu	bous	bouillais	bouillis	bouilliras
il/elle/on	bout	bouillait	bouillit	bouillira
nous	bouillons	bouillions	bouillîmes	bouillirons
vous	bouillez	bouilliez	bouillîtes	bouillirez
ils/elles	bouillent	bouillent	bouillirent	bouilliront

	Passé composé		Plus-que-parfait		Passé antérieur		Futur antérieur	
j'	ai	bouilli	avais	bouilli	eus	bouilli	aurai	bouilli
tu	as	bouilli	avais	bouilli	eus	bouilli	auras	bouilli
il/elle/on	a	bouilli	avait	bouilli	eut	bouilli	aura	bouilli
nous	avons	bouilli	avions	bouilli	eûmes	bouilli	aurons	bouilli
vous	avez	bouilli	aviez	bouilli	eûtes	bouilli	aurez	bouilli
ils/elles	ont	bouilli	avaient	bouilli	eurent	bouilli	auront	bouilli

Subjonctif

	Présent	Passé		Imparfait	Plus-que-parfait	
que je/j'	bouille	aie	bouilli	bouillisse	eusse	bouilli
que tu	bouilles	aies	bouilli	bouillisses	eusses	bouilli
qu'il/elle/on	bouille	ait	bouilli	bouillît	eût	bouilli
que nous	bouillions	ayons	bouilli	bouillissions	eussions	bouilli
que vous	bouilliez	ayez	bouilli	bouillissiez	eussiez	bouilli
qu'ils/elles	bouillent	aient	bouilli	bouillissent	eussent	bouilli

Conditionnel / Impératif / Modes impersonnels

	Présent	Passé		Impératif	Modes impersonnels
					Infinitif
je/j'	bouillirais	aurais	bouilli		bouillir
tu	bouillirais	aurais	bouilli	bous	**Participe présent**
il/elle/on	bouillirait	aurait	bouilli		bouillant
nous	bouillirions	aurions	bouilli	bouillons	**Participe passé**
vous	bouilliriez	auriez	bouilli	bouillez	bouilli(e)(s)
ils/elles	bouilliraient	auraient	bouilli		

6.8 conclure *(ab)schließen, zu Ende bringen*

Indicatif

	Présent	Imparfait	Passé simple	Futur simple
je	conclus	concluais	conclus	conclurai
tu	conclus	concluais	conclus	concluras
il/elle/on	conclut	concluait	conclut	conclura
nous	concluons	concluions	conclûmes	conclurons
vous	concluez	concluiez	conclûtes	conclurez
ils/elles	concluent	concluaient	conclurent	concluront

	Passé composé	Plus-que-parfait	Passé antérieur	Futur antérieur
j'	ai conclu	avais conclu	eus conclu	aurai conclu
tu	as conclu	avais conclu	eus conclu	auras conclu
il/elle/on	a conclu	avait conclu	eut conclu	aura conclu
nous	avons conclu	avions conclu	eûmes conclu	aurons conclu
vous	avez conclu	aviez conclu	eûtes conclu	aurez conclu
ils/elles	ont conclu	avaient conclu	eurent conclu	auront conclu

Subjonctif

	Présent	Passé	Imparfait	Plus-que-parfait
que je/j'	conclue	aie conclu	conclusse	eusse conclu
que tu	conclues	aies conclu	conclusses	eusses conclu
qu'il/elle/on	conclue	ait conclu	conclût	eût conclu
que nous	concluions	ayons conclu	conclussions	eussions conclu
que vous	concluiez	ayez conclu	conclussiez	eussiez conclu
qu'ils/elles	concluent	aient conclu	conclussent	eussent conclu

Conditionnel / Impératif / Modes impersonnels

	Présent	Passé		Infinitif
je/j'	conclurais	aurais conclu		conclure
tu	conclurais	aurais conclu	conclus	**Participe présent**
il/elle/on	conclurait	aurait conclu		concluant
nous	conclurions	aurions conclu	concluons	**Participe passé**
vous	concluriez	auriez conclu	concluez	conclu(e)(s)
ils/elles	concluraient	auraient conclu		

6.9 connaître *kennen, wissen*

▶ Die Empfehlungen zur Vereinfachung der Rechtschreibung erlauben die Schreibung **i** ohne **accent circonflexe** vor dem **t**.

Indicatif

	Présent	Imparfait	Passé simple	Futur simple
je	connais	connaissais	connus	connaîtrai
tu	connais	connaissais	connus	connaîtras
il/elle/on	connaît	connaissait	connut	connaîtra
nous	connaissons	connaissions	connûmes	connaîtrons
vous	connaissez	connaissiez	connûtes	connaîtrez
ils/elles	connaissent	connaissaient	connurent	connaîtront

	Passé composé	Plus-que-parfait	Passé antérieur	Futur antérieur
j'	ai connu	avais connu	eus connu	aurai connu
tu	as connu	avais connu	eus connu	auras connu
il/elle/on	a connu	avait connu	eut connu	aura connu
nous	avons connu	avions connu	eûmes connu	aurons connu
vous	avez connu	aviez connu	eûtes connu	aurez connu
ils/elles	ont connu	avaient connu	eurent connu	auront connu

Subjonctif

	Présent	Passé	Imparfait	Plus-que-parfait
que je/j'	connaisse	aie connu	connusse	eusse connu
que tu	connaisses	aies connu	connusses	eusses connu
qu'il/elle/on	connaisse	ait connu	connût	eût connu
que nous	connaissions	ayons connu	connussions	eussions connu
que vous	connaissiez	ayez connu	connussiez	eussiez connu
qu'ils/elles	connaissent	aient connu	connussent	eussent connu

Conditionnel / Impératif / Modes impersonnels

	Présent	Passé		Infinitif
je/j'	connaîtrais	aurais connu		connaître
tu	connaîtrais	aurais connu	connais	**Participe présent**
il/elle/on	connaîtrait	aurait connu		connaissant
nous	connaîtrions	aurions connu	connaissons	**Participe passé**
vous	connaîtriez	auriez connu	connaissez	connu(e)(s)
ils/elles	connaîtraient	auraient connu		

6.10 coudre *nähen*

▶ Das **d** des Stammes wird bei den Pluralformen des **présent**, im **imparfait**, **passé simple** und beim **participe passé** durch ein **s** ersetzt.

Indicatif

	Présent	Imparfait	Passé simple	Futur simple
je	couds	cousais	cousis	coudrai
tu	couds	cousais	cousis	coudras
il/elle/on	coud	cousait	cousit	coudra
nous	cousons	cousions	cousîmes	coudrons
vous	cousez	cousiez	cousîtes	coudrez
ils/elles	cousent	cousaient	cousirent	coudront

	Passé composé	Plus-que-parfait	Passé antérieur	Futur antérieur
j'	ai cousu	avais cousu	eus cousu	aurai cousu
tu	as cousu	avais cousu	eus cousu	auras cousu
il/elle/on	a cousu	avait cousu	eut cousu	aura cousu
nous	avons cousu	avions cousu	eûmes cousu	aurons cousu
vous	avez cousu	aviez cousu	eûtes cousu	aurez cousu
ils/elles	ont cousu	avaient cousu	eurent cousu	auront cousu

Subjonctif

	Présent	Passé	Imparfait	Plus-que-parfait
que je/j'	couse	aie cousu	cousisse	eusse cousu
que tu	couses	aies cousu	cousisses	eusses cousu
qu'il/elle/on	couse	ait cousu	cousît	eût cousu
que nous	cousions	ayons cousu	cousissions	eussions cousu
que vous	cousiez	ayez cousu	cousissiez	eussiez cousu
qu'ils/elles	cousent	aient cousu	cousissent	eussent cousu

Conditionnel / Impératif / Modes impersonnels

	Présent	Passé	Impératif	Modes impersonnels
				Infinitif
je/j'	coudrais	aurais cousu		coudre
tu	coudrais	aurais cousu	couds	**Participe présent**
il/elle/on	coudrait	aurait cousu		cousant
nous	coudrions	aurions cousu	cousons	**Participe passé**
vous	coudriez	auriez cousu	cousez	cousu(e)(s)
ils/elles	couraient	auraient cousu		

6.11 courir *laufen, rennen*

Indicatif

	Présent	Imparfait	Passé simple	Futur simple
je	cours	courais	courus	courrai
tu	cours	courais	courus	courras
il/elle/on	court	courait	courut	courra
nous	courons	courions	courûmes	courrons
vous	courez	couriez	courûtes	courrez
ils/elles	courent	couraient	coururent	courront

	Passé composé	Plus-que-parfait	Passé antérieur	Futur antérieur
j'	ai couru	avais couru	eus couru	aurai couru
tu	as couru	avais couru	eus couru	auras couru
il/elle/on	a couru	avait couru	eut couru	aura couru
nous	avons couru	avions couru	eûmes couru	aurons couru
vous	avez couru	aviez couru	eûtes couru	aurez couru
ils/elles	ont couru	avaient couru	eurent couru	auront couru

Subjonctif

	Présent	Passé	Imparfait	Plus-que-parfait
que je/j'	coure	aie couru	courusse	eusse couru
que tu	coures	aies couru	courusses	eusses couru
qu'il/elle/on	coure	ait couru	courût	eût couru
que nous	courions	ayons couru	courussions	eussions couru
que vous	couriez	ayez couru	courussiez	eussiez couru
qu'ils/elles	courent	aient couru	courussent	eussent couru

Conditionnel / Impératif / Modes impersonnels

	Présent	Passé		Infinitif
je/j'	courrais	aurais couru		courir
tu	courrais	aurais couru	cours	**Participe présent**
il/elle/on	courrait	aurait couru		courant
nous	courrions	aurions couru	courons	**Participe passé**
vous	courriez	auriez couru	courez	couru(e)(s)
ils/elles	courraient	auraient couru		

6.12 craindre *(be)fürchten*

Indicatif

	Présent	Imparfait	Passé simple	Futur simple
je	crains	craignais	craignis	craindrai
tu	crains	craignais	craignis	craindras
il/elle/on	craint	craignait	craignit	craindra
nous	craignons	craignions	craignîmes	craindrons
vous	craignez	craigniez	craignîtes	craindrez
ils/elles	craignent	craignaient	craignirent	craindront

	Passé composé	Plus-que-parfait	Passé antérieur	Futur antérieur
j'	ai craint	avais craint	eus craint	aurai craint
tu	as craint	avais craint	eus craint	auras craint
il/elle/on	a craint	avait craint	eut craint	aura craint
nous	avons craint	avions craint	eûmes craint	aurons craint
vous	avez craint	aviez craint	eûtes craint	aurez craint
ils/elles	ont craint	avaient craint	eurent craint	auront craint

Subjonctif

	Présent	Passé	Imparfait	Plus-que-parfait
que je/j'	craigne	aie craint	craignisse	eusse craint
que tu	craignes	aies craint	craignisses	eusses craint
qu'il/elle/on	craigne	ait craint	craignît	eût craint
que nous	craignions	ayons craint	craignissions	eussions craint
que vous	craigniez	ayez craint	craignissiez	eussiez craint
qu'ils/elles	craignent	aient craint	craignissent	eussent craint

Conditionnel / Impératif / Modes impersonnels

	Présent	Passé	Impératif	Modes impersonnels
				Infinitif
je/j'	craindrais	aurais craint		craindre
tu	craindrais	aurais craint	crains	**Participe présent**
il/elle/on	craindrait	aurait craint		craignant
nous	craindrions	aurions craint	craignons	**Participe passé**
vous	craindriez	auriez craint	craignez	craint(e)(s)
ils/elles	craindraient	auraient craint		

6.13 croire *glauben*

Indicatif

	Présent	Imparfait	Passé simple	Futur simple
je	crois	croyais	crus	croirai
tu	crois	croyais	crus	croiras
il/elle/on	croit	croyait	crut	croira
nous	croyons	croyions	crûmes	croirons
vous	croyez	croyiez	crûtes	croirez
ils/elles	croient	croyaient	crurent	croiront

	Passé composé	Plus-que-parfait	Passé antérieur	Futur antérieur
j'	ai cru	avais cru	eus cru	aurai cru
tu	as cru	avais cru	eus cru	auras cru
il/elle/on	a cru	avait cru	eut cru	aura cru
nous	avons cru	avions cru	eûmes cru	aurons cru
vous	avez cru	aviez cru	eûtes cru	aurez cru
ils/elles	ont cru	avaient cru	eurent cru	auront cru

Subjonctif

	Présent	Passé	Imparfait	Plus-que-parfait
que je/j'	croie	aie cru	crusse	eusse cru
que tu	croies	aies cru	crusses	eusses cru
qu'il/elle/on	croie	ait cru	crût	eût cru
que nous	croyions	ayons cru	crussions	eussions cru
que vous	croyiez	ayez cru	crussiez	eussiez cru
qu'ils/elles	croient	aient cru	crussent	eussent cru

Conditionnel / Impératif / Modes impersonnels

	Présent	Passé		Infinitif
je/j'	croirais	aurais cru		croire
tu	croirais	aurais cru	crois	**Participe présent**
il/elle/on	croirait	aurait cru		croyant
nous	croirions	aurions cru	croyons	**Participe passé**
vous	croiriez	auriez cru	croyez	cru(e)(s)
ils/elles	croiraient	auraient cru		

6.14 croître *wachsen*

▶ Die Empfehlungen zur Vereinfachung der Rechtschreibung erlauben die Schreibung **i** ohne **accent circonflexe** außer bei den Formen, die mit **croire** *glauben* verwechselt werden könnten (z. B. **je crois** ↔ **je croîs**).

Indicatif

	Présent	Imparfait	Passé simple	Futur simple
je	croîs	croissais	crûs	croîtrai
tu	croîs	croissais	crûs	croîtras
il/elle/on	croît	croissait	crût	croîtra
nous	croissons	croissions	crûmes	croîtrons
vous	croissez	croissiez	crûtes	croîtrez
ils/elles	croissent	croissaient	crûrent	croîtront

	Passé composé	Plus-que-parfait	Passé antérieur	Futur antérieur
j'	ai crû	avais crû	eus crû	aurai crû
tu	as crû	avais crû	eus crû	auras crû
il/elle/on	a crû	avait crû	eut crû	aura crû
nous	avons crû	avions crû	eûmes crû	aurons crû
vous	avez crû	aviez crû	eûtes crû	aurez crû
ils/elles	ont crû	avaient crû	eurent crû	auront crû

Subjonctif

	Présent	Passé	Imparfait	Plus-que-parfait
que je/j'	croisse	aie crû	crûsse	eusse crû
que tu	croisses	aies crû	crûsses	eusses crû
qu'il/elle/on	croisse	ait crû	crût	eût crû
que nous	croissions	ayons crû	crûssions	eussions crû
que vous	croissiez	ayez crû	crûssiez	eussiez crû
qu'ils/elles	croissent	aient crû	crûssent	eussent crû

Conditionnel / Impératif / Modes impersonnels

	Présent	Passé	Impératif	Modes impersonnels
				Infinitif
je/j'	croîtrais	aurais crû		croître
tu	croîtrais	aurais crû	croîs	**Participe présent**
il/elle/on	croîtrait	aurait crû		croissant
nous	croîtrions	aurions crû	croissons	**Participe passé**
vous	croîtriez	auriez crû	croissez	crû(s), crue(s)
ils/elles	croîtraient	auraient crû		

6.15 dire *sagen*

Indicatif

	Présent	Imparfait	Passé simple	Futur simple
je	dis	disais	dis	dirai
tu	dis	disais	dis	diras
il/elle/on	dit	disait	dit	dira
nous	disons	disions	dîmes	dirons
vous	dites	disiez	dîtes	direz
ils/elles	disent	disaient	dirent	diront

	Passé composé	Plus-que-parfait	Passé antérieur	Futur antérieur
j'	ai dit	avais dit	eus dit	aurai dit
tu	as dit	avais dit	eus dit	auras dit
il/elle/on	a dit	avait dit	eut dit	aura dit
nous	avons dit	avions dit	eûmes dit	aurons dit
vous	avez dit	aviez dit	eûtes dit	aurez dit
ils/elles	ont dit	avaient dit	eurent dit	auront dit

Subjonctif

	Présent	Passé	Imparfait	Plus-que-parfait
que je/j'	dise	aie dit	disse	eusse dit
que tu	dises	aies dit	disses	eusses dit
qu'il/elle/on	dise	ait dit	dît	eût dit
que nous	disions	ayons dit	dissions	eussions dit
que vous	disiez	ayez dit	dissiez	eussiez dit
qu'ils/elles	disent	aient dit	dissent	eussent dit

Conditionnel / Impératif / Modes impersonnels

	Présent	Passé	Impératif	Modes impersonnels
				Infinitif
je/j'	dirais	aurais dit		dire
tu	dirais	aurais dit	dis	**Participe présent**
il/elle/on	dirait	aurait dit		disant
nous	dirions	aurions dit	disons	**Participe passé**
vous	diriez	auriez dit	dites	dit(e)(s)
ils/elles	diraient	auraient dit		

6.16 écrire *schreiben*

Indicatif

	Présent	Imparfait	Passé simple	Futur simple
j'	écris	écrivais	écrivis	écrirai
tu	écris	écrivais	écrivis	écriras
il/elle/on	écrit	écrivait	écrivit	écrira
nous	écrivons	écrivions	écrivîmes	écrirons
vous	écrivez	écriviez	écrivîtes	écrirez
ils/elles	écrivent	écrivaient	écrivirent	écriront

	Passé composé	Plus-que-parfait	Passé antérieur	Futur antérieur
j'	ai écrit	avais écrit	eus écrit	aurai écrit
tu	as écrit	avais écrit	eus écrit	auras écrit
il/elle/on	a écrit	avait écrit	eut écrit	aura écrit
nous	avons écrit	avions écrit	eûmes écrit	aurons écrit
vous	avez écrit	aviez écrit	eûtes écrit	aurez écrit
ils/elles	ont écrit	avaient écrit	eurent écrit	auront écrit

Subjonctif

	Présent	Passé	Imparfait	Plus-que-parfait
que j'	écrive	aie écrit	écrivisse	eusse écrit
que tu	écrives	aies écrit	écrivisses	eusses écrit
qu'il/elle/on	écrive	ait écrit	écrivît	eût écrit
que nous	écrivions	ayons écrit	écrivissions	eussions écrit
que vous	écriviez	ayez écrit	écrivissiez	eussiez écrit
qu'ils/elles	écrivent	aient écrit	écrivissent	eussent écrit

Conditionnel / Impératif / Modes impersonnels

	Présent	Passé		Infinitif
j'	écrirais	aurais écrit		écrire
tu	écrirais	aurais écrit	écris	**Participe présent**
il/elle/on	écrirait	aurait écrit		écrivant
nous	écririons	aurions écrit	écrivons	**Participe passé**
vous	écririez	auriez écrit	écrivez	écrit(e)(s)
ils/elles	écriraient	auraient écrit		

6.17 émouvoir *bewegen, rühren*

Indicatif

	Présent	Imparfait	Passé simple	Futur simple
j'	émeus	émouvais	émus	émouvrai
tu	émeus	émouvais	émus	émouvras
il/elle/on	émeut	émouvait	émut	émouvra
nous	émouvons	émouvions	émûmes	émouvrons
vous	émouvez	émouviez	émûtes	émouvrez
ils/elles	émeuvent	émouvaient	émurent	émouvront

	Passé composé	Plus-que-parfait	Passé antérieur	Futur antérieur
j'	ai ému	avais ému	eus ému	aurai ému
tu	as ému	avais ému	eus ému	auras ému
il/elle/on	a ému	avait ému	eut ému	aura ému
nous	avons ému	avions ému	eûmes ému	aurons ému
vous	avez ému	aviez ému	eûtes ému	aurez ému
ils/elles	ont ému	avaient ému	eurent ému	auront ému

Subjonctif

	Présent	Passé	Imparfait	Plus-que-parfait
que j'	émeuve	aie ému	émusse	eusse ému
que tu	émeuves	aies ému	émusses	eusses ému
qu'il/elle/on	émeuve	ait ému	émût	eût ému
que nous	émouvions	ayons ému	émussions	eussions ému
que vous	émouviez	ayez ému	émussiez	eussiez ému
qu'ils/elles	émeuvent	aient ému	émussent	eussent ému

Conditionnel / Impératif / Modes impersonnels

	Présent	Passé		Infinitif
j'	émouvrais	aurais ému		émouvoir
tu	émouvrais	aurais ému	émeus	**Participe présent**
il/elle/on	émouvrait	aurait ému		émouvant
nous	émouvrions	aurions ému	émouvons	**Participe passé**
vous	émouvriez	auriez ému	émouvez	ému(e)(s)
ils/elles	émouvraient	auraient ému		

6.18 envoyer *senden*

▶ Nur im **futur simple** und **conditionnel présent** unregelmäßig.

Indicatif

	Présent	Imparfait	Passé simple	Futur simple
j'	envoie	envoyais	envoyai	enverrai
tu	envoies	envoyais	envoyas	enverras
il/elle/on	envoie	envoyait	envoya	enverra
nous	envoyons	envoyions	envoyâmes	enverrons
vous	envoyez	envoyiez	envoyâtes	enverrez
ils/elles	envoient	envoyaient	envoyèrent	enverront

	Passé composé	Plus-que-parfait	Passé antérieur	Futur antérieur
j'	ai envoyé	avais envoyé	eus envoyé	aurai envoyé
tu	as envoyé	avais envoyé	eus envoyé	auras envoyé
il/elle/on	a envoyé	avait envoyé	eut envoyé	aura envoyé
nous	avons envoyé	avions envoyé	eûmes envoyé	aurons envoyé
vous	avez envoyé	aviez envoyé	eûtes envoyé	aurez envoyé
ils/elles	ont envoyé	avaient envoyé	eurent envoyé	auront envoyé

Subjonctif

	Présent	Passé	Imparfait	Plus-que-parfait
que j'	envoie	aie envoyé	envoyasse	eusse envoyé
que tu	envoies	aies envoyé	envoyasses	eusses envoyé
qu'il/elle/on	envoie	ait envoyé	envoyât	eût envoyé
que nous	envoyions	ayons envoyé	envoyassions	eussions envoyé
que vous	envoyiez	ayez envoyé	envoyassiez	eussiez envoyé
qu'ils/elles	envoient	aient envoyé	envoyassent	eussent envoyé

Conditionnel / Impératif / Modes impersonnels

	Présent	Passé		Infinitif
j'	enverrais	aurais envoyé		envoyer
tu	enverrais	aurais envoyé	envoie	**Participe présent**
il/elle/on	enverrait	aurait envoyé		envoyant
nous	enverrions	aurions envoyé	envoyons	**Participe passé**
vous	enverriez	auriez envoyé	envoyez	envoyé(e)(s)
ils/elles	enverraient	auraient envoyé		

6.19 faire *machen, tun*

▶ Wird auch unpersönlich gebraucht in Wendungen wie **il fait chaud** *es ist warm*, **il fait beau** *es ist schön*, **il fait nuit** *es ist Nacht* usw.

Indicatif

	Présent	Imparfait	Passé simple	Futur simple
je	fais	faisais	fis	ferai
tu	fais	faisais	fis	feras
il/elle/on	fait	faisait	fit	fera
nous	faisons	faisions	fîmes	ferons
vous	faites	faisiez	fîtes	ferez
ils/elles	font	faisaient	firent	feront

	Passé composé	Plus-que-parfait	Passé antérieur	Futur antérieur
j'	ai fait	avais fait	eus fait	aurai fait
tu	as fait	avais fait	eus fait	auras fait
il/elle/on	a fait	avait fait	eut fait	aura fait
nous	avons fait	avions fait	eûmes fait	aurons fait
vous	avez fait	aviez fait	eûtes fait	aurez fait
ils/elles	ont fait	avaient fait	eurent fait	auront fait

Subjonctif

	Présent	Passé	Imparfait	Plus-que-parfait
que je/j'	fasse	aie fait	fisse	eusse fait
que tu	fasses	aies fait	fisses	eusses fait
qu'il/elle/on	fasse	ait fait	fît	eût fait
que nous	fassions	ayons fait	fissions	eussions fait
que vous	fassiez	ayez fait	fissiez	eussiez fait
qu'ils/elles	fassent	aient fait	fissent	eussent fait

Conditionnel / Impératif / Modes impersonnels

	Présent	Passé		Infinitif
je/j'	ferais	aurais fait		faire
tu	ferais	aurais fait	fais	**Participe présent**
il/elle/on	ferait	aurait fait		faisant
nous	ferions	aurions fait	faisons	**Participe passé**
vous	feriez	auriez fait	faites	fait(e)(s)
ils/elles	feraient	auraient fait		

6.20 fuir *fliehen, flüchten*

▶ Das **i** wird vor Vokal (außer **e muet**) zu **y**.

Indicatif

	Présent	Imparfait	Passé simple	Futur simple
je	fuis	fuyais	fuis	fuirai
tu	fuis	fuyais	fuis	fuiras
il/elle/on	fuit	fuyait	fuit	fuira
nous	fuyons	fuyions	fuîmes	fuirons
vous	fuyez	fuyiez	fuîtes	fuirez
ils/elles	fuient	fuyaient	fuirent	fuiront

	Passé composé	Plus-que-parfait	Passé antérieur	Futur antérieur
j'	ai fui	avais fui	eus fui	aurai fui
tu	as fui	avais fui	eus fui	auras fui
il/elle/on	a fui	avait fui	eut fui	aura fui
nous	avons fui	avions fui	eûmes fui	aurons fui
vous	avez fui	aviez fui	eûtes fui	aurez fui
ils/elles	ont fui	avaient fui	eurent fui	auront fui

Subjonctif

	Présent	Passé	Imparfait	Plus-que-parfait
que je/j'	fuie	aie fui	fuisse	eusse fui
que tu	fuies	aies fui	fuisses	eusses fui
qu'il/elle/on	fuie	ait fui	fuît	eût fui
que nous	fuyions	ayons fui	fuissions	eussions fui
que vous	fuyiez	ayez fui	fuissiez	eussiez fui
qu'ils/elles	fuient	aient fui	fuissent	eussent fui

Conditionnel / Impératif / Modes impersonnels

	Présent	Passé	Impératif	Modes impersonnels
				Infinitif
je/j'	fuirais	aurais fui		fuir
tu	fuirais	aurais fui	fuis	**Participe présent**
il/elle/on	fuirait	aurait fui		fuyant
nous	fuirions	aurions fui	fuyons	**Participe passé**
vous	fuiriez	auriez fui	fuyez	fui(e)(s)
ils/elles	fuiraient	auraient fui		

6.21 joindre *verbinden, (jemanden) erreichen*

▶ Bei den Verben auf **-oindre** bleibt das **d** des Infinitivs nur im **futur simple** und **conditionnel présent** erhalten. Die Pluralformen des **présent** und alle Formen des **passé simple** sowie die von diesen Formen abgeleiteten Zeiten werden mit **gn** gebildet.

Indicatif

	Présent	Imparfait	Passé simple	Futur simple
je	joins	joignais	joignis	joindrai
tu	joins	joignais	joignis	joindras
il/elle/on	joint	joignait	joignit	joindra
nous	joignons	joignions	joignîmes	joindrons
vous	joignez	joigniez	joignîtes	joindrez
ils/elles	joignent	joignaient	joignirent	joindront

	Passé composé	Plus-que-parfait	Passé antérieur	Futur antérieur
j'	ai joint	avais joint	eus joint	aurai joint
tu	as joint	avais joint	eus joint	auras joint
il/elle/on	a joint	avait joint	eut joint	aura joint
nous	avons joint	avions joint	eûmes joint	aurons joint
vous	avez joint	aviez joint	eûtes joint	aurez joint
ils/elles	ont joint	avaient joint	eurent joint	auront joint

Subjonctif

	Présent	Passé	Imparfait	Plus-que-parfait
que je/j'	joigne	aie joint	joignisse	eusse joint
que tu	joignes	aies joint	joignisses	eusses joint
qu'il/elle/on	joigne	ait joint	joignît	eût joint
que nous	joignions	ayons joint	joignissions	eussions joint
que vous	joigniez	ayez joint	joignissiez	eussiez joint
qu'ils/elles	joignent	aient joint	joignissent	eussent joint

Conditionnel / Impératif / Modes impersonnels

	Présent	Passé		Infinitif
je/j'	joindrais	aurais joint		joindre
tu	joindrais	aurais joint	joins	**Participe présent**
il/elle/on	joindrait	aurait joint		joignant
nous	joindrions	aurions joint	joignons	**Participe passé**
vous	joindriez	auriez joint	joignez	joint(e)(s)
ils/elles	joindraient	auraient joint		

6.22 lire *lesen*

Indicatif

	Présent	Imparfait	Passé simple	Futur simple
je	lis	lisais	lus	lirai
tu	lis	lisais	lus	liras
il/elle/on	lit	lisait	lut	lira
nous	lisons	lisions	lûmes	lirons
vous	lisez	lisiez	lûtes	lirez
ils/elles	lisent	lisaient	lurent	liront

	Passé composé	Plus-que-parfait	Passé antérieur	Futur antérieur
j'	ai lu	avais lu	eus lu	aurai lu
tu	as lu	avais lu	eus lu	auras lu
il/elle/on	a lu	avait lu	eut lu	aura lu
nous	avons lu	avions lu	eûmes lu	aurons lu
vous	avez lu	aviez lu	eûtes lu	aurez lu
ils/elles	ont lu	avaient lu	eurent lu	auront lu

Subjonctif

	Présent	Passé	Imparfait	Plus-que-parfait
que je/j'	lise	aie lu	lusse	eusse lu
que tu	lises	aies lu	lusses	eusses lu
qu'il/elle/on	lise	ait lu	lût	eût lu
que nous	lisions	ayons lu	lussions	eussions lu
que vous	lisiez	ayez lu	lussiez	eussiez lu
qu'ils/elles	lisent	aient lu	lussent	eussent lu

Conditionnel / Impératif / Modes impersonnels

	Présent	Passé	Impératif	Modes impersonnels
				Infinitif
je/j'	lirais	aurais lu		lire
tu	lirais	aurais lu	lis	**Participe présent**
il/elle/on	lirait	aurait lu		lisant
nous	lirions	aurions lu	lisons	**Participe passé**
vous	liriez	auriez lu	lisez	lu(e)(s)
ils/elles	liraient	auraient lu		

6.23 mettre *setzen, stellen, legen*

Indicatif

	Présent	Imparfait	Passé simple	Futur simple
je	mets	mettais	mis	mettrai
tu	mets	mettais	mis	mettras
il/elle/on	met	mettait	mit	mettra
nous	mettons	mettions	mîmes	mettrons
vous	mettez	mettiez	mîtes	mettrez
ils/elles	mettent	mettaient	mirent	mettront

	Passé composé		Plus-que-parfait		Passé antérieur		Futur antérieur	
j'	ai	mis	avais	mis	eus	mis	aurai	mis
tu	as	mis	avais	mis	eus	mis	auras	mis
il/elle/on	a	mis	avait	mis	eut	mis	aura	mis
nous	avons	mis	avions	mis	eûmes	mis	aurons	mis
vous	avez	mis	aviez	mis	eûtes	mis	aurez	mis
ils/elles	ont	mis	avaient	mis	eurent	mis	auront	mis

Subjonctif

	Présent	Passé		Imparfait	Plus-que-parfait	
que je/j'	mette	aie	mis	misse	eusse	mis
que tu	mettes	aies	mis	misses	eusses	mis
qu'il/elle/on	mette	ait	mis	mît	eût	mis
que nous	mettions	ayons	mis	missions	eussions	mis
que vous	mettiez	ayez	mis	missiez	eussiez	mis
qu'ils/elles	mettent	aient	mis	missent	eussent	mis

Conditionnel / Impératif / Modes impersonnels

	Présent	Passé		Impératif	Modes impersonnels
					Infinitif
je/j'	mettrais	aurais	mis		mettre
tu	mettrais	aurais	mis	mets	**Participe présent**
il/elle/on	mettrait	aurait	mis		mettant
nous	mettrions	aurions	mis	mettons	**Participe passé**
vous	mettriez	auriez	mis	mettez	mis(e)(s)
ils/elles	mettraient	auraient	mis		

6.24 moudre *mahlen*

▶ Das **d** des Stammes wird bei den Pluralformen des **présent**, im **imparfait**, im **passé simple** und beim **participe passé** durch ein **l** ersetzt.

Indicatif

	Présent	Imparfait	Passé simple	Futur simple
je	mouds	moulais	moulus	moudrai
tu	mouds	moulais	moulus	moudras
il/elle/on	moud	moulait	moulut	moudra
nous	moulons	moulions	moulûmes	moudrons
vous	moulez	mouliez	moulûtes	moudrez
ils/elles	moulent	moulaient	moulurent	moudront

	Passé composé	Plus-que-parfait	Passé antérieur	Futur antérieur
j'	ai moulu	avais moulu	eus moulu	aurai moulu
tu	as moulu	avais moulu	eus moulu	auras moulu
il/elle/on	a moulu	avait moulu	eut moulu	aura moulu
nous	avons moulu	avions moulu	eûmes moulu	aurons moulu
vous	avez moulu	aviez moulu	eûtes moulu	aurez moulu
ils/elles	ont moulu	avaient moulu	eurent moulu	auront moulu

Subjonctif

	Présent	Passé	Imparfait	Plus-que-parfait
que je/j'	moule	aie moulu	moulusse	eusse moulu
que tu	moules	aies moulu	moulusses	eusses moulu
qu'il/elle/on	moule	ait moulu	moulût	eût moulu
que nous	moulions	ayons moulu	moulussions	eussions moulu
que vous	mouliez	ayez moulu	moulussiez	eussiez moulu
qu'ils/elles	moulent	aient moulu	moulussent	eussent moulu

Conditionnel / Impératif / Modes impersonnels

	Présent	Passé	Impératif	Modes impersonnels
				Infinitif
je/j'	moudrais	aurais moulu		moudre
tu	moudrais	aurais moulu	mouds	**Participe présent**
il/elle/on	moudrait	aurait moulu		moulant
nous	moudrions	aurions moulu	moulons	**Participe passé**
vous	moudriez	auriez moulu	moulez	moulu(e)(s)
ils/elles	moudraient	auraient moulu		

6.25 mourir *sterben*

Indicatif

	Présent	Imparfait	Passé simple	Futur simple
je	meurs	mourais	mourus	mourrai
tu	meurs	mourais	mourus	mourras
il/elle/on	meurt	mourait	mourut	mourra
nous	mourons	mourions	mourûmes	mourrons
vous	mourez	mouriez	mourûtes	mourrez
ils/elles	meurent	mouraient	moururent	mourront

	Passé composé		Plus-que-parfait		Passé antérieur		Futur antérieur	
je/j'	suis	mort(e)	étais	mort(e)	fus	mort(e)	serai	mort(e)
tu	es	mort(e)	étais	mort(e)	fus	mort(e)	seras	mort(e)
il/elle/on	est	mort(e)	était	mort(e)	fut	mort(e)	sera	mort(e)
nous	sommes	mort(e)s	étions	mort(e)s	fûmes	mort(e)s	serons	mort(e)s
vous	êtes	mort(e)(s)	étiez	mort(e)(s)	fûtes	mort(e)(s)	serez	mort(e)(s)
ils/elles	sont	mort(e)s	étaient	mort(e)s	furent	mort(e)s	seront	mort(e)s

Subjonctif

	Présent	Passé		Imparfait	Plus-que-parfait	
que je	meure	sois	mort(e)	mourusse	fusse	mort(e)
que tu	meures	sois	mort(e)	mourusses	fusses	mort(e)
qu'il/elle/on	meure	soit	mort(e)	mourût	fût	mort(e)
que nous	mourions	soyons	mort(e)s	mourussions	fussions	mort(e)s
que vous	mouriez	soyez	mort(e)(s)	mourussiez	fussiez	mort(e)(s)
qu'ils/elles	meurent	soient	mort(e)s	mourussent	fussent	mort(e)s

Conditionnel / Impératif / Modes impersonnels

	Présent	Passé		Impératif	Modes impersonnels
					Infinitif
je	mourrais	serais	mort(e)		mourir
tu	mourrais	serais	mort(e)	meurs	**Participe présent**
il/elle/on	mourrait	serait	mort(e)		mourant
nous	mourrions	serions	mort(e)s	mourons	**Participe passé**
vous	mourriez	seriez	mort(e)s	mourez	mort(e)(s)
ils/elles	mourraient	seraient	mort(e)s		

6.26 naître *geboren werden, auf die Welt kommen*

▶ Die Empfehlungen zur Vereinfachung der Rechtschreibung erlauben die Schreibung **i** ohne **accent circonflexe** vor dem **t.**

Indicatif

	Présent	Imparfait	Passé simple	Futur simple
je	nais	naissais	naquis	naîtrai
tu	nais	naissais	naquis	naîtras
il/elle/on	naît	naissait	naquit	naîtra
nous	naissons	naissions	naquîmes	naîtrons
vous	naissez	naissiez	naquîtes	naîtrez
ils/elles	naissent	naissaient	naquirent	naîtront

	Passé composé	Plus-que-parfait	Passé antérieur	Futur antérieur
je/j'	suis né(e)	étais né(e)	fus né(e)	serai né(e)
tu	es né(e)	étais né(e)	fus né(e)	seras né(e)
il/elle/on	est né(e)	était né(e)	fut né(e)	sera né(e)
nous	sommes né(e)s	étions né(e)s	fûmes né(e)s	serons né(e)s
vous	êtes né(e)(s)	étiez né(e)(s)	fûtes né(e)(s)	serez né(e)(s)
ils/elles	sont né(e)s	étaient né(e)s	furent né(e)s	seront né(e)s

Subjonctif

	Présent	Passé	Imparfait	Plus-que-parfait
que je	naisse	sois né(e)	naquisse	fusse né(e)
que tu	naisses	sois né(e)	naquisses	fusses né(e)
qu'il/elle/on	naisse	soit né(e)	naquît	fût né(e)
que nous	naissions	soyons né(e)s	naquissions	fussions né(e)s
que vous	naissiez	soyez né(e)(s)	naquissiez	fussiez né(e)(s)
qu'ils/elles	naissent	soient né(e)s	naquissent	fussent né(e)s

Conditionnel / Impératif / Modes impersonnels

	Présent	Passé		Infinitif
je	naîtrais	serais né(e)		naître
tu	naîtrais	serais né(e)	nais	**Participe présent**
il/elle/on	naîtrait	serait né(e)		naissant
nous	naîtrions	serions né(e)s	naissons	**Participe passé**
vous	naîtriez	seriez né(e)(s)	naissez	né(e)(s)
ils/elles	naîtraient	seraient né(e)s		

6.27 nuire *schaden*

Indicatif

	Présent	Imparfait	Passé simple	Futur simple
je	nuis	nuisais	nuisis	nuirai
tu	nuis	nuisais	nuisis	nuiras
il/elle/on	nuit	nuisait	nuisit	nuira
nous	nuisons	nuisions	nuisîmes	nuirons
vous	nuisez	nuisiez	nuisîtes	nuirez
ils/elles	nuisent	nuisaient	nuisirent	nuiront

	Passé composé	Plus-que-parfait	Passé antérieur	Futur antérieur
j'	ai nui	avais nui	eus nui	aurai nui
tu	as nui	avais nui	eus nui	auras nui
il/elle/on	a nui	avait nui	eut nui	aura nui
nous	avons nui	avions nui	eûmes nui	aurons nui
vous	avez nui	aviez nui	eûtes nui	aurez nui
ils/elles	ont nui	avaient nui	eurent nui	auront nui

Subjonctif

	Présent	Passé	Imparfait	Plus-que-parfait
que je/j'	nuise	aie nui	nuisisse	eusse nui
que tu	nuises	aies nui	nuisisses	eusses nui
qu'il/elle/on	nuise	ait nui	nuisît	eût nui
que nous	nuisions	ayons nui	nuisissions	eussions nui
que vous	nuisiez	ayez nui	nuisissiez	eussiez nui
qu'ils/elles	nuisent	aient nui	nuisissent	eussent nui

Conditionnel / Impératif / Modes impersonnels

	Présent	Passé		Infinitif
je/j'	nuirais	aurais nui		nuire
tu	nuirais	aurais nui	nuis	**Participe présent**
il/elle/on	nuirait	aurait nui		nuisant
nous	nuirions	aurions nui	nuisons	**Participe passé**
vous	nuiriez	auriez nui	nuisez	nui(e)(s)
ils/elles	nuiraient	auraient nui		

6.28 offrir *schenken*

Indicatif

	Présent	Imparfait	Passé simple	Futur simple
j'	offre	offrais	offris	offrirai
tu	offres	offrais	offris	offriras
il/elle/on	offre	offrait	offrit	offrira
nous	offrons	offrions	offrîmes	offrirons
vous	offrez	offriez	offrîtes	offrirez
ils/elles	offrent	offraient	offrirent	offriront

	Passé composé	Plus-que-parfait	Passé antérieur	Futur antérieur
j'	ai offert	avais offert	eus offert	aurai offert
tu	as offert	avais offert	eus offert	auras offert
il/elle/on	a offert	avait offert	eut offert	aura offert
nous	avons offert	avions offert	eûmes offert	aurons offert
vous	avez offert	aviez offert	eûtes offert	aurez offert
ils/elles	ont offert	avaient offert	eurent offert	auront offert

Subjonctif

	Présent	Passé	Imparfait	Plus-que-parfait
que j'	offre	aie offert	offrisse	eusse offert
que tu	offres	aies offert	offrisses	eusses offert
qu'il/elle/on	offre	ait offert	offrît	eût offert
que nous	offrions	ayons offert	offrissions	eussions offert
que vous	offriez	ayez offert	offrissiez	eussiez offert
qu'ils/elles	offrent	aient offert	offrissent	eussent offert

Conditionnel / Impératif / Modes impersonnels

	Présent	Passé		Infinitif
j'	offrirais	aurais offert		offrir
tu	offrirais	aurais offert	offre	**Participe présent**
il/elle/on	offrirait	aurait offert		offrant
nous	offririons	aurions offert	offrons	**Participe passé**
vous	offririez	auriez offert	offrez	offert(e)(s)
ils/elles	offriraient	auraient offert		

6.29 ouïr *hören*

▶ Nur noch in der Grundform, in der 2. Person Plural des **impératif** und in den zusammengesetzten Zeiten gebraucht.

Indicatif

	Présent	Imparfait	Passé simple	Futur simple
j'	ouïs / ois	ouïssais / oyais	ouïs	ouïrai / orrai
tu	ouïs / ois	ouïssais / oyais	ouïs	ouïras / orras
il/elle/on	ouït / oit	ouïssait / oyait	ouït	ouïra / orra
nous	ouïssons / oyons	ouïssions / oyions	ouïmes	ouïrons / orrons
vous	ouïssez / oyez	ouïssiez / oyiez	ouïtes	ouïrez / orrez
ils/elles	ouïssent / oient	ouïssaient / oyaient	ouïrent	ouïront / orront

	Passé composé	Plus-que-parfait	Passé antérieur	Futur antérieur
j'	ai ouï	avais ouï	eus ouï	aurai ouï
tu	as ouï	avais ouï	eus ouï	auras ouï
il/elle/on	a ouï	avait ouï	eut ouï	aura ouï
nous	avons ouï	avions ouï	eûmes ouï	aurons ouï
vous	avez ouï	aviez ouï	eûtes ouï	aurez ouï
ils/elles	ont ouï	avaient ouï	eurent ouï	auront ouï

Subjonctif

	Présent	Passé	Imparfait	Plus-que-parfait
que j'	ouïsse / oie	aie ouï	ouïsse	eusse ouï
que tu	ouïsses / oies	aies ouï	ouïsses	eusses ouï
qu'il/elle/on	ouïsse / oie	ait ouï	ouït	eût ouï
que nous	ouïssions / oyions	ayons ouï	ouïssions	eussions ouï
que vous	ouïssiez / oyiez	ayez ouï	ouïssiez	eussiez ouï
qu'ils/elles	ouïssent / oient	aient ouï	ouïssent	eussent ouï

Conditionnel / Impératif / Modes impersonnels

	Présent	Passé		Infinitif
j'	ouïrais / orrais	aurais ouï		ouïr
tu	ouïrais / orrais	aurais ouï	ois	**Participe présent**
il/elle/on	ouïrait / orrait	aurait ouï		oyant
nous	ouïrions / orrions	aurions ouï	oyons	**Participe passé**
vous	ouïriez / orriez	auriez ouï	oyez	ouï
ils/elles	ouïraient / orraient	auraient ouï		

6.30 plaire *gefallen*

▶ Die Empfehlungen zur Vereinfachung der Rechtschreibung schlagen die Schreibung **i** ohne **accent circonflexe** vor dem **t** vor.

Indicatif

	Présent	Imparfait	Passé simple	Futur simple
je	plais	plaisais	plus	plairai
tu	plais	plaisais	plus	plairas
il/elle/on	plaît	plaisait	plut	plaira
nous	plaisons	plaisions	plûmes	plairons
vous	plaisez	plaisiez	plûtes	plairez
ils/elles	plaisent	plaisaient	plurent	plairont

	Passé composé	Plus-que-parfait	Passé antérieur	Futur antérieur
j'	ai plu	avais plu	eus plu	aurai plu
tu	as plu	avais plu	eus plu	auras plu
il/elle/on	a plu	avait plu	eut plu	aura plu
nous	avons plu	avions plu	eûmes plu	aurons plu
vous	avez plu	aviez plu	eûtes plu	aurez plu
ils/elles	ont plu	avaient plu	eurent plu	auront plu

Subjonctif

	Présent	Passé	Imparfait	Plus-que-parfait
que je/j'	plaise	aie plu	plusse	eusse plu
que tu	plaises	aies plu	plusses	eusses plu
qu'il/elle/on	plaise	ait plu	plût	eût plu
que nous	plaisions	ayons plu	plussions	eussions plu
que vous	plaisiez	ayez plu	plussiez	eussiez plu
qu'ils/elles	plaisent	aient plu	plussent	eussent plu

Conditionnel / Impératif / Modes impersonnels

	Présent	Passé	Impératif	Modes impersonnels
				Infinitif
je/j'	plairais	aurais plu		plaire
tu	plairais	aurais plu	plais	**Participe présent**
il/elle/on	plairait	aurait plu		plaisant
nous	plairions	aurions plu	plaisons	**Participe passé**
vous	plairiez	auriez plu	plaisez	plu
ils/elles	plairaient	auraient plu		

6.31 pourvoir *versehen mit, ausstatten mit*

Indicatif

	Présent	Imparfait	Passé simple	Futur simple
je	pourvois	pourvoyais	pourvus	pourvoirai
tu	pourvois	pourvoyais	pourvus	pourvoiras
il/elle/on	pourvoit	pourvoyait	pourvut	pourvoira
nous	pourvoyons	pourvoyions	pourvûmes	pourvoirons
vous	pourvoyez	pourvoyiez	pourvûtes	pourvoirez
ils/elles	pourvoient	pourvoyaient	pourvurent	pourvoiront

	Passé composé		Plus-que-parfait		Passé antérieur		Futur antérieur	
j'	ai	pourvu	avais	pourvu	eus	pourvu	aurai	pourvu
tu	as	pourvu	avais	pourvu	eus	pourvu	auras	pourvu
il/elle/on	a	pourvu	avait	pourvu	eut	pourvu	aura	pourvu
nous	avons	pourvu	avions	pourvu	eûmes	pourvu	aurons	pourvu
vous	avez	pourvu	aviez	pourvu	eûtes	pourvu	aurez	pourvu
ils/elles	ont	pourvu	avaient	pourvu	eurent	pourvu	auront	pourvu

Subjonctif

	Présent	Passé		Imparfait	Plus-que-parfait	
que je/j'	pourvoie	aie	pourvu	pourvusse	eusse	pourvu
que tu	pourvoies	aies	pourvu	pourvusses	eusses	pourvu
qu'il/elle/on	pourvoie	ait	pourvu	pourvût	eût	pourvu
que nous	pourvoyions	ayons	pourvu	pourvussions	eussions	pourvu
que vous	pourvoyiez	ayez	pourvu	pourvussiez	eussiez	pourvu
qu'ils/elles	pourvoient	aient	pourvu	pourvussent	eussent	pourvu

Conditionnel / Impératif / Modes impersonnels

	Présent	Passé		Impératif	Modes impersonnels
					Infinitif
je/j'	pourvoirais	aurais	pourvu		pourvoir
tu	pourvoirais	aurais	pourvu	pourvois	**Participe présent**
il/elle/on	pourvoirait	aurait	pourvu		pourvoyant
nous	pourvoirions	aurions	pourvu	pourvoyons	**Participe passé**
vous	pourvoiriez	auriez	pourvu	pourvoyez	pourvu
ils/elles	pourvoiraient	auraient	pourvu		

6.32 prédire *voraussagen*

Indicatif

	Présent	Imparfait	Passé simple	Futur simple
je	prédis	prédisais	prédis	prédirai
tu	prédis	prédisais	prédis	prédiras
il/elle/on	prédit	prédisait	prédit	prédira
nous	prédisons	prédisions	prédîmes	prédirons
vous	prédisez	prédisiez	prédîtes	prédirez
ils/elles	prédisent	prédisaient	prédirent	prédiront

	Passé composé	Plus-que-parfait	Passé antérieur	Futur antérieur
j'	ai prédit	avais prédit	eus prédit	aurai prédit
tu	as prédit	avais prédit	eus prédit	auras prédit
il/elle/on	a prédit	avait prédit	eut prédit	aura prédit
nous	avons prédit	avions prédit	eûmes prédit	aurons prédit
vous	avez prédit	aviez prédit	eûtes prédit	aurez prédit
ils/elles	ont prédit	avaient prédit	eurent prédit	auront prédit

Subjonctif

	Présent	Passé	Imparfait	Plus-que-parfait
que je/j'	prédise	aie prédit	prédisse	eusse prédit
que tu	prédises	aies prédit	prédisses	eusses prédit
qu'il/elle/on	prédise	ait prédit	prédît	eût prédit
que nous	prédisions	ayons prédit	prédissions	eussions prédit
que vous	prédisiez	ayez prédit	prédissiez	eussiez prédit
qu'ils/elles	prédisent	aient prédit	prédissent	eussent prédit

Conditionnel / Impératif / Modes impersonnels

	Présent	Passé		Infinitif
je/j'	prédirais	aurais prédit		prédire
tu	prédirais	aurais prédit	prédis	**Participe présent**
il/elle/on	prédirait	aurait prédit		prédisant
nous	prédirions	aurions prédit	prédisons	**Participe passé**
vous	prédiriez	auriez prédit	prédisez	prédit(e)(s)
ils/elles	prédiraient	auraient prédit		

6.33 prendre *nehmen*

Indicatif

	Présent	Imparfait	Passé simple	Futur simple
je	prends	prenais	pris	prendrai
tu	prends	prenais	pris	prendras
il/elle/on	prend	prenait	prit	prendra
nous	prenons	prenions	prîmes	prendrons
vous	prenez	preniez	prîtes	prendrez
ils/elles	prennent	prenaient	prirent	prendront

	Passé composé	Plus-que-parfait	Passé antérieur	Futur antérieur
j'	ai pris	avais pris	eus pris	aurai pris
tu	as pris	avais pris	eus pris	auras pris
il/elle/on	a pris	avait pris	eut pris	aura pris
nous	avons pris	avions pris	eûmes pris	aurons pris
vous	avez pris	aviez pris	eûtes pris	aurez pris
ils/elles	ont pris	avaient pris	eurent pris	auront pris

Subjonctif

	Présent	Passé	Imparfait	Plus-que-parfait
que je/j'	prenne	aie pris	prisse	eusse pris
que tu	prennes	aies pris	prisses	eusses pris
qu'il/elle/on	prenne	ait pris	prît	eût pris
que nous	prenions	ayons pris	prissions	eussions pris
que vous	preniez	ayez pris	prissiez	eussiez pris
qu'ils/elles	prennent	aient pris	prissent	eussent pris

Conditionnel / Impératif / Modes impersonnels

	Présent	Passé		Infinitif
je/j'	prendrais	aurais pris		prendre
tu	prendrais	aurais pris	prends	**Participe présent**
il/elle/on	prendrait	aurait pris		prenant
nous	prendrions	aurions pris	prenons	**Participe passé**
vous	prendriez	auriez pris	prenez	pris(e)(s)
ils/elles	prendraient	auraient pris		

6.34 prévoir *voraussehen*

Indicatif

	Présent	Imparfait	Passé simple	Futur simple
je	prévois	prévoyais	prévis	prévoirai
tu	prévois	prévoyais	prévis	prévoiras
il/elle/on	prévoit	prévoyait	prévit	prévoira
nous	prévoyons	prévoyions	prévîmes	prévoirons
vous	prévoyez	prévoyiez	prévîtes	prévoirez
ils/elles	prévoient	prévoyaient	prévirent	prévoiront

	Passé composé	Plus-que-parfait	Passé antérieur	Futur antérieur
j'	ai prévu	avais prévu	eus prévu	aurai prévu
tu	as prévu	avais prévu	eus prévu	auras prévu
il/elle/on	a prévu	avait prévu	eut prévu	aura prévu
nous	avons prévu	avions prévu	eûmes prévu	aurons prévu
vous	avez prévu	aviez prévu	eûtes prévu	aurez prévu
ils/elles	ont prévu	avaient prévu	eurent prévu	auront prévu

Subjonctif

	Présent	Passé	Imparfait	Plus-que-parfait
que je/j'	prévoie	aie prévu	prévisse	eusse prévu
que tu	prévoies	aies prévu	prévisses	eusses prévu
qu'il/elle/on	prévoie	ait prévu	prévît	eût prévu
que nous	prévoyions	ayons prévu	prévissions	eussions prévu
que vous	prévoyiez	ayez prévu	prévissiez	eussiez prévu
qu'ils/elles	prévoient	aient prévu	prévissent	eussent prévu

Conditionnel / Impératif / Modes impersonnels

	Présent	Passé		Infinitif
je/j'	prévoirais	aurais prévu		prévoir
tu	prévoirais	aurais prévu	prévois	**Participe présent**
il/elle/on	prévoirait	aurait prévu		prévoyant
nous	prévoirions	aurions prévu	prévoyons	**Participe passé**
vous	prévoiriez	auriez prévu	prévoyez	prévu(e)(s)
ils/elles	prévoiraient	auraient prévu		

6.35 produire *produzieren, herstellen*

Indicatif

	Présent	Imparfait	Passé simple	Futur simple
je	produis	produisais	produisis	produirai
tu	produis	produisais	produisis	produiras
il/elle/on	produit	produisait	produisit	produira
nous	produisons	produisions	produisîmes	produirons
vous	produisez	produisiez	produisîtes	produirez
ils/elles	produisent	produisaient	produisirent	produiront

	Passé composé	Plus-que-parfait	Passé antérieur	Futur antérieur
j'	ai produit	avais produit	eus produit	aurai produit
tu	as produit	avais produit	eus produit	auras produit
il/elle/on	a produit	avait produit	eut produit	aura produit
nous	avons produit	avions produit	eûmes produit	aurons produit
vous	avez produit	aviez produit	eûtes produit	aurez produit
ils/elles	ont produit	avaient produit	eurent produit	auront produit

Subjonctif

	Présent	Passé	Imparfait	Plus-que-parfait
que je/j'	produise	aie produit	produisisse	eusse produit
que tu	produises	aies produit	produisisses	eusses produit
qu'il/elle/on	produise	ait produit	produisît	eût produit
que nous	produisions	ayons produit	produisissions	eussions produit
que vous	produisiez	ayez produit	produisissiez	eussiez produit
qu'ils/elles	produisent	aient produit	produisissent	eussent produit

Conditionnel / Impératif / Modes impersonnels

	Présent	Passé		Infinitif
je/j'	produirais	aurais produit		produire
tu	produirais	aurais produit	produis	**Participe présent**
il/elle/on	produirait	aurait produit		produisant
nous	produirions	aurions produit	produisons	**Participe passé**
vous	produiriez	auriez produit	produisez	produit(e)(s)
ils/elles	produiraient	auraient produit		

6.36 recevoir *bekommen, empfangen*

▶ Das **c** wird vor **o** zu **ç**, damit der [s]-Laut bei allen Formen erhalten bleibt.

Indicatif

	Présent	Imparfait	Passé simple	Futur simple
je	reçois	recevais	reçus	recevrai
tu	reçois	recevais	reçus	recevras
il/elle/on	reçoit	recevait	reçut	recevra
nous	recevons	recevions	reçûmes	recevrons
vous	recevez	receviez	reçûtes	recevrez
ils/elles	reçoivent	recevaient	reçurent	recevront

	Passé composé	Plus-que-parfait	Passé antérieur	Futur antérieur
j'	ai reçu	avais reçu	eus reçu	aurai reçu
tu	as reçu	avais reçu	eus reçu	auras reçu
il/elle/on	a reçu	avait reçu	eut reçu	aura reçu
nous	avons reçu	avions reçu	eûmes reçu	aurons reçu
vous	avez reçu	aviez reçu	eûtes reçu	aurez reçu
ils/elles	ont reçu	avaient reçu	eurent reçu	auront reçu

Subjonctif

	Présent	Passé	Imparfait	Plus-que-parfait
que je/j'	reçoive	aie reçu	reçusse	eusse reçu
que tu	reçoives	aies reçu	reçusses	eusses reçu
qu'il/elle/on	reçoive	ait reçu	reçût	eût reçu
que nous	recevions	ayons reçu	reçussions	eussions reçu
que vous	receviez	ayez reçu	reçussiez	eussiez reçu
qu'ils/elles	reçoivent	aient reçu	reçussent	eussent reçu

Conditionnel / Impératif / Modes impersonnels

	Présent	Passé		Infinitif
je/j'	recevrais	aurais reçu		recevoir
tu	recevrais	aurais reçu	reçois	**Participe présent**
il/elle/on	recevrait	aurait reçu		recevant
nous	recevrions	aurions reçu	recevons	**Participe passé**
vous	recevriez	auriez reçu	recevez	reçu(e)(s)
ils/elles	recevraient	auraient reçu		

6.37 résoudre *lösen*

▶ Das **d** des Infinitivs bleibt nur im **futur simple** und **conditionnel présent** erhalten.

Indicatif

	Présent	Imparfait	Passé simple	Futur simple
je	résous	résolvais	résolus	résoudrai
tu	résous	résolvais	résolus	résoudras
il/elle/on	résout	résolvait	résolut	résoudra
nous	résolvons	résolvions	résolûmes	résoudrons
vous	résolvez	résolviez	résolûtes	résoudrez
ils/elles	résolvent	résolvaient	résolurent	résoudront

	Passé composé	Plus-que-parfait	Passé antérieur	Futur antérieur
j'	ai résolu	avais résolu	eus résolu	aurai résolu
tu	as résolu	avais résolu	eus résolu	auras résolu
il/elle/on	a résolu	avait résolu	eut résolu	aura résolu
nous	avons résolu	avions résolu	eûmes résolu	aurons résolu
vous	avez résolu	aviez résolu	eûtes résolu	aurez résolu
ils/elles	ont résolu	avaient résolu	eurent résolu	auront résolu

Subjonctif

	Présent	Passé	Imparfait	Plus-que-parfait
que je/j'	résolve	aie résolu	résolusse	eusse résolu
que tu	résolves	aies résolu	résolusses	eusses résolu
qu'il/elle/on	résolve	ait résolu	résolût	eût résolu
que nous	résolvions	ayons résolu	résolussions	eussions résolu
que vous	résolviez	ayez résolu	résolussiez	eussiez résolu
qu'ils/elles	résolvent	aient résolu	résolussent	eussent résolu

Conditionnel / Impératif / Modes impersonnels

	Présent	Passé	Impératif	Modes impersonnels
				Infinitif
je/j'	résoudrais	aurais résolu		résoudre
tu	résoudrais	aurais résolu	résous	**Participe présent**
il/elle/on	résoudrait	aurait résolu		résolvant
nous	résoudrions	aurions résolu	résolvons	**Participe passé**
vous	résoudriez	auriez résolu	résolvez	résolu(e)(s)
ils/elles	résoudraient	auraient résolu		

6.38 rire *lachen*

Indicatif

	Présent	Imparfait	Passé simple	Futur simple
je	ris	riais	ris	rirai
tu	ris	riais	ris	riras
il/elle/on	rit	riait	rit	rira
nous	rions	riions	rîmes	rirons
vous	riez	riiez	rîtes	rirez
ils/elles	rient	riaient	rirent	riront

	Passé composé	Plus-que-parfait	Passé antérieur	Futur antérieur
j'	ai ri	avais ri	eus ri	aurai ri
tu	as ri	avais ri	eus ri	auras ri
il/elle/on	a ri	avait ri	eut ri	aura ri
nous	avons ri	avions ri	eûmes ri	aurons ri
vous	avez ri	aviez ri	eûtes ri	aurez ri
ils/elles	ont ri	avaient ri	eurent ri	auront ri

Subjonctif

	Présent	Passé	Imparfait	Plus-que-parfait
que je/j'	rie	aie ri	risse	eusse ri
que tu	ries	aies ri	risses	eusses ri
qu'il/elle/on	rie	ait ri	rît	eût ri
que nous	riions	ayons ri	rissions	eussions ri
que vous	riiez	ayez ri	rissiez	eussiez ri
qu'ils/elles	rient	aient ri	rissent	eussent ri

Conditionnel / Impératif / Modes impersonnels

	Présent	Passé	Impératif	Modes impersonnels
				Infinitif
je/j'	rirais	aurais ri		rire
tu	rirais	aurais ri	ris	**Participe présent**
il/elle/on	rirait	aurait ri		riant
nous	ririons	aurions ri	rions	**Participe passé**
vous	ririez	auriez ri	riez	ri
ils/elles	riraient	auraient ri		

6.39 suffire *genügen, ausreichen*

Indicatif

	Présent	Imparfait	Passé simple	Futur simple
je	suffis	suffisais	suffis	suffirai
tu	suffis	suffisais	suffis	suffiras
il/elle/on	suffit	suffisait	suffit	suffira
nous	suffisons	suffisions	suffîmes	suffirons
vous	suffisez	suffisiez	suffîtes	suffirez
ils/elles	suffisent	suffisaient	suffirent	suffiront

	Passé composé	Plus-que-parfait	Passé antérieur	Futur antérieur
j'	ai suffi	avais suffi	eus suffi	aurai suffi
tu	as suffi	avais suffi	eus suffi	auras suffi
il/elle/on	a suffi	avait suffi	eut suffi	aura suffi
nous	avons suffi	avions suffi	eûmes suffi	aurons suffi
vous	avez suffi	aviez suffi	eûtes suffi	aurez suffi
ils/elles	ont suffi	avaient suffi	eurent suffi	auront suffi

Subjonctif

	Présent	Passé	Imparfait	Plus-que-parfait
que je/j'	suffise	aie suffi	suffisse	eusse suffi
que tu	suffises	aies suffi	suffisses	eusses suffi
qu'il/elle/on	suffise	ait suffi	suffît	eût suffi
que nous	suffisions	ayons suffi	suffissions	eussions suffi
que vous	suffisiez	ayez suffi	suffissiez	eussiez suffi
qu'ils/elles	suffisent	aient suffi	suffissent	eussent suffi

Conditionnel / Impératif / Modes impersonnels

	Présent	Passé		Infinitif
je/j'	suffirais	aurais suffi		suffire
tu	suffirais	aurais suffi	suffis	**Participe présent**
il/elle/on	suffirait	aurait suffi		suffisant
nous	suffirions	aurions suffi	suffisons	**Participe passé**
vous	suffiriez	auriez suffi	suffisez	suffi
ils/elles	suffiraient	auraient suffi		

6.40 suivre *folgen*

Indicatif

	Présent	Imparfait	Passé simple	Futur simple
je	suis	suivais	suivis	suivrai
tu	suis	suivais	suivis	suivras
il/elle/on	suit	suivait	suivit	suivra
nous	suivons	suivions	suivîmes	suivrons
vous	suivez	suiviez	suivîtes	suivrez
ils/elles	suivent	suivaient	suivirent	suivront

	Passé composé	Plus-que-parfait	Passé antérieur	Futur antérieur
j'	ai suivi	avais suivi	eus suivi	aurai suivi
tu	as suivi	avais suivi	eus suivi	auras suivi
il/elle/on	a suivi	avait suivi	eut suivi	aura suivi
nous	avons suivi	avions suivi	eûmes suivi	aurons suivi
vous	avez suivi	aviez suivi	eûtes suivi	aurez suivi
ils/elles	ont suivi	avaient suivi	eurent suivi	auront suivi

Subjonctif

	Présent	Passé	Imparfait	Plus-que-parfait
que je/j'	suive	aie suivi	suivisse	eusse suivi
que tu	suive	aies suivi	suivisses	eusses suivi
qu'il/elle/on	suives	ait suivi	suivît	eût suivi
que nous	suivions	ayons suivi	suivissions	eussions suivi
que vous	suiviez	ayez suivi	suivissiez	eussiez suivi
qu'ils/elles	suivent	aient suivi	suivissent	eussent suivi

Conditionnel / Impératif / Modes impersonnels

	Présent	Passé		Infinitif
je/j'	suivrais	aurais suivi		suivre
tu	suivrais	aurais suivi	suis	**Participe présent**
il/elle/on	suivrait	aurait suivi		suivant
nous	suivrions	aurions suivi	suivons	**Participe passé**
vous	suivriez	auriez suivi	suivez	suivi(e)(s)
ils/elles	suivraient	auraient suivi		

6.41 tressaillir *zusammenzucken, erzittern*

Indicatif

	Présent	Imparfait	Passé simple	Futur simple
je	tressaille	tressaillais	tressaillis	tressaillirai
tu	tressailles	tressaillais	tressaillis	tressailliras
il/elle/on	tressaille	tressaillait	tressaillit	tressaillira
nous	tressaillons	tressaillions	tressaillîmes	tressaillirons
vous	tressaillez	tressailliez	tressaillîtes	tressaillirez
ils/elles	tressaillent	tressaillaient	tressaillirent	tressailliront

	Passé composé		Plus-que-parfait		Passé antérieur		Futur antérieur	
j'	ai	tressailli	avais	tressailli	eus	tressailli	aurai	tressailli
tu	as	tressailli	avais	tressailli	eus	tressailli	auras	tressailli
il/elle/on	a	tressailli	avait	tressailli	eut	tressailli	aura	tressailli
nous	avons	tressailli	avions	tressailli	eûmes	tressailli	aurons	tressailli
vous	avez	tressailli	aviez	tressailli	eûtes	tressailli	aurez	tressailli
ils/elles	ont	tressailli	avaient	tressailli	eurent	tressailli	auront	tressailli

Subjonctif

	Présent	Passé		Imparfait	Plus-que-parfait	
que je/j'	tressaille	aie	tressailli	tressaillisse	eusse	tressailli
que tu	tressailles	aies	tressailli	tressaillisses	eusses	tressailli
qu'il/elle/on	tressaille	ait	tressailli	tressaillît	eût	tressailli
que nous	tressaillions	ayons	tressailli	tressaillissions	eussions	tressailli
que vous	tressailliez	ayez	tressailli	tressaillissiez	eussiez	tressailli
qu'ils/elles	tressaillent	aient	tressailli	tressaillissent	eussent	tressailli

Conditionnel / Impératif / Modes impersonnels

	Présent	Passé		Impératif	Modes impersonnels
					Infinitif
je/j'	tressaillirais	aurais	tressailli		tressaillir
tu	tressaillirais	aurais	tressailli	tressaille	**Participe présent**
il/elle/on	tressaillirait	aurait	tressailli		tressaillant
nous	tressaillirions	aurions	tressailli	tressaillons	**Participe passé**
vous	tressailliriez	auriez	tressailli	tressaillez	tressailli
ils/elles	tressailliraient	auraient	tressailli		

6.42 vaincre *(be)siegen*

- Der [k]-Laut des Infinitivs ist bei allen Formen entweder als **c** oder **qu** vorhanden. Die Schreibung **qu** steht vor **a**, **e** oder **i**.
- Das **c** schließt in der 3. Person Singular des **présent** die Endung **-t** aus.

Indicatif

	Présent	Imparfait	Passé simple	Futur simple
je	vaincs	vainquais	vainquis	vaincrai
tu	vaincs	vainquais	vainquis	vaincras
il/elle/on	vainc	vainquait	vainquit	vaincra
nous	vainquons	vainquions	vainquîmes	vaincrons
vous	vainquez	vainquiez	vainquîtes	vaincrez
ils/elles	vainquent	vainquaient	vainquirent	vaincront

	Passé composé	Plus-que-parfait	Passé antérieur	Futur antérieur
j'	ai vaincu	avais vaincu	eus vaincu	aurai vaincu
tu	as vaincu	avais vaincu	eus vaincu	auras vaincu
il/elle/on	a vaincu	avait vaincu	eut vaincu	aura vaincu
nous	avons vaincu	avions vaincu	eûmes vaincu	aurons vaincu
vous	avez vaincu	aviez vaincu	eûtes vaincu	aurez vaincu
ils/elles	ont vaincu	avaient vaincu	eurent vaincu	auront vaincu

Subjonctif

	Présent	Passé	Imparfait	Plus-que-parfait
que je/j'	vainque	aie vaincu	vainquisse	eusse vaincu
que tu	vainques	aies vaincu	vainquisses	eusses vaincu
qu'il/elle/on	vainque	ait vaincu	vainquît	eût vaincu
que nous	vainquions	ayons vaincu	vainquissions	eussions vaincu
que vous	vainquiez	ayez vaincu	vainquissiez	eussiez vaincu
qu'ils/elles	vainquent	aient vaincu	vainquissent	eussent vaincu

Conditionnel / Impératif / Modes impersonnels

	Présent	Passé		Infinitif
je/j'	vaincrais	aurais vaincu		vaincre
tu	vaincrais	aurais vaincu	vaincs	**Participe présent**
il/elle/on	vaincrait	aurait vaincu		vainquant
nous	vaincrions	aurions vaincu	vainquons	**Participe passé**
vous	vaincriez	auriez vaincu	vainquez	vaincu(e)(s)
ils/elles	vaincraient	auraient vaincu		

6.43 valoir *wert sein*

Indicatif

	Présent	Imparfait	Passé simple	Futur simple
je	vaux	valais	valus	vaudrai
tu	vaux	valais	valus	vaudras
il/elle/on	vaut	valait	valut	vaudra
nous	valons	valions	valûmes	vaudrons
vous	valez	valiez	valûtes	vaudrez
ils/elles	valent	valaient	valurent	vaudront

	Passé composé	Plus-que-parfait	Passé antérieur	Futur antérieur
j'	ai valu	avais valu	eus valu	aurai valu
tu	as valu	avais valu	eus valu	auras valu
il/elle/on	a valu	avait valu	eut valu	aura valu
nous	avons valu	avions valu	eûmes valu	aurons valu
vous	avez valu	aviez valu	eûtes valu	aurez valu
ils/elles	ont valu	avaient valu	eurent valu	auront valu

Subjonctif

	Présent	Passé	Imparfait	Plus-que-parfait
que je/j'	vaille	aie valu	valusse	eusse valu
que tu	vailles	aies valu	valusses	eusses valu
qu'il/elle/on	vaille	ait valu	valût	eût valu
que nous	valions	ayons valu	valussions	eussions valu
que vous	valiez	ayez valu	valussiez	eussiez valu
qu'ils/elles	vaillent	aient valu	valussent	eussent valu

Conditionnel / Impératif / Modes impersonnels

	Présent	Passé		Infinitif
je/j'	vaudrais	aurais valu		valoir
tu	vaudrais	aurais valu	vaux	**Participe présent**
il/elle/on	vaudrait	aurait valu		valant
nous	vaudrions	aurions valu	valons	**Participe passé**
vous	vaudriez	auriez valu	valez	valu(e)(s)
ils/elles	vaudraient	auraient valu		

6.44 venir *kommen*

Indicatif

	Présent	Imparfait	Passé simple	Futur simple
je	viens	venais	vins	viendrai
tu	viens	venais	vins	viendras
il/elle/on	vient	venait	vint	viendra
nous	venons	venions	vînmes	viendrons
vous	venez	veniez	vîntes	viendrez
ils/elles	viennent	venaient	vinrent	viendront

	Passé composé		Plus-que-parfait		Passé antérieur		Futur antérieur	
je/j'	suis	venu(e)	étais	venu(e)	fus	venu(e)	serai	venu(e)
tu	es	venu(e)	étais	venu(e)	fus	venu(e)	seras	venu(e)
il/elle/on	est	venu(e)	était	venu(e)	fut	venu(e)	sera	venu(e)
nous	sommes	venu(e)s	étions	venu(e)s	fûmes	venu(e)s	serons	venu(e)s
vous	êtes	venu(e)(s)	étiez	venu(e)(s)	fûtes	venu(e)(s)	serez	venu(e)(s)
ils/elles	sont	venu(e)s	étaient	venu(e)s	furent	venu(e)s	seront	venu(e)s

Subjonctif

	Présent	Passé		Imparfait	Plus-que-parfait	
que je	vienne	sois	venu(e)	vinsse	fusse	venu(e)
que tu	viennes	sois	venu(e)	vinsses	fusses	venu(e)
qu'il/elle/on	vienne	soit	venu(e)	vînt	fût	venu(e)
que nous	venions	soyons	venu(e)s	vinssions	fussions	venu(e)s
que vous	veniez	soyez	venu(e)(s)	vinssiez	fussiez	venu(e)(s)
qu'ils/elles	viennent	soient	venu(e)s	vinssent	fussent	venu(e)s

Conditionnel / Impératif / Modes impersonnels

	Présent	Passé		Impératif	Modes impersonnels
					Infinitif
je	viendrais	serais	venu(e)		venir
tu	viendrais	serais	venu(e)	viens	**Participe présent**
il/elle/on	viendrait	serait	venu(e)		venant
nous	viendrions	serions	venu(e)s	venons	**Participe passé**
vous	viendriez	seriez	venu(e)(s)	venez	venu(e)(s)
ils/elles	viendraient	seraient	venu(e)s		

6.45 vêtir *anziehen, bekleiden*

Indicatif

	Présent	Imparfait	Passé simple	Futur simple
je	vêts	vêtais	vêtis	vêtirai
tu	vêts	vêtais	vêtis	vêtiras
il/elle/on	vêt	vêtait	vêtit	vêtira
nous	vêtons	vêtions	vêtîmes	vêtirons
vous	vêtez	vêtiez	vêtîtes	vêtirez
ils/elles	vêtent	vêtaient	vêtirent	vêtiront

	Passé composé	Plus-que-parfait	Passé antérieur	Futur antérieur
j'	ai vêtu	avais vêtu	eus vêtu	aurai vêtu
tu	as vêtu	avais vêtu	eus vêtu	auras vêtu
il/elle/on	a vêtu	avait vêtu	eut vêtu	aura vêtu
nous	avons vêtu	avions vêtu	eûmes vêtu	aurons vêtu
vous	avez vêtu	aviez vêtu	eûtes vêtu	aurez vêtu
ils/elles	ont vêtu	avaient vêtu	eurent vêtu	auront vêtu

Subjonctif

	Présent	Passé	Imparfait	Plus-que-parfait
que je/j'	vête	aie vêtu	vêtisse	eusse vêtu
que tu	vêtes	aies vêtu	vêtisses	eusses vêtu
qu'il/elle/on	vête	ait vêtu	vêtît	eût vêtu
que nous	vêtions	ayons vêtu	vêtissions	eussions vêtu
que vous	vêtiez	ayez vêtu	vêtissiez	eussiez vêtu
qu'ils/elles	vêtent	aient vêtu	vêtissent	eussent vêtu

Conditionnel / Impératif / Modes impersonnels

	Présent	Passé		Infinitif
je/j'	vêtirais	aurais vêtu		vêtir
tu	vêtirais	aurais vêtu	vêts	**Participe présent**
il/elle/on	vêtirait	aurait vêtu		vêtant
nous	vêtirions	aurions vêtu	vêtons	**Participe passé**
vous	vêtiriez	auriez vêtu	vêtez	vêtu(e)(s)
ils/elles	vêtiraient	auraient vêtu		

6.46 vivre *leben*

Indicatif

	Présent	Imparfait	Passé simple	Futur simple
je	vis	vivais	vécus	vivrai
tu	vis	vivais	vécus	vivras
il/elle/on	vit	vivait	vécut	vivra
nous	vivons	vivions	vécûmes	vivrons
vous	vivez	viviez	vécûtes	vivrez
ils/elles	vivent	vivaient	vécurent	vivront

	Passé composé	Plus-que-parfait	Passé antérieur	Futur antérieur
j'	ai vécu	avais vécu	eus vécu	aurai vécu
tu	as vécu	avais vécu	eus vécu	auras vécu
il/elle/on	a vécu	avait vécu	eut vécu	aura vécu
nous	avons vécu	avions vécu	eûmes vécu	aurons vécu
vous	avez vécu	aviez vécu	eûtes vécu	aurez vécu
ils/elles	ont vécu	avaient vécu	eurent vécu	auront vécu

Subjonctif

	Présent	Passé	Imparfait	Plus-que-parfait
que je/j'	vive	aie vécu	vécusse	eusse vécu
que tu	vives	aies vécu	vécusses	eusses vécu
qu'il/elle/on	vive	ait vécu	vécût	eût vécu
que nous	vivions	ayons vécu	vécussions	eussions vécu
que vous	viviez	ayez vécu	vécussiez	eussiez vécu
qu'ils/elles	vivent	aient vécu	vécussent	eussent vécu

Conditionnel / Impératif / Modes impersonnels

	Présent	Passé		Infinitif
je/j'	vivrais	aurais vécu		vivre
tu	vivrais	aurais vécu	vis	**Participe présent**
il/elle/on	vivrait	aurait vécu		vivant
nous	vivrions	aurions vécu	vivons	**Participe passé**
vous	vivriez	auriez vécu	vivez	vécu(e)(s)
ils/elles	vivraient	auraient vécu		

6.47 voir *sehen*

Indicatif

	Présent	Imparfait	Passé simple	Futur simple
je	vois	voyais	vis	verrai
tu	vois	voyais	vis	verras
il/elle/on	voit	voyait	vit	verra
nous	voyons	voyions	vîmes	verrons
vous	voyez	voyiez	vîtes	verrez
ils/elles	voient	voyaient	virent	verront

	Passé composé	Plus-que-parfait	Passé antérieur	Futur antérieur
j'	ai vu	avais vu	eus vu	aurai vu
tu	as vu	avais vu	eus vu	auras vu
il/elle/on	a vu	avait vu	eut vu	aura vu
nous	avons vu	avions vu	eûmes vu	aurons vu
vous	avez vu	aviez vu	eûtes vu	aurez vu
ils/elles	ont vu	avaient vu	eurent vu	auront vu

Subjonctif

	Présent	Passé	Imparfait	Plus-que-parfait
que je/j'	voie	aie vu	visse	eusse vu
que tu	voies	aies vu	visses	eusses vu
qu'il/elle/on	voie	ait vu	vît	eût vu
que nous	voyions	ayons vu	vissions	eussions vu
que vous	voyiez	ayez vu	vissiez	eussiez vu
qu'ils/elles	voient	aient vu	vissent	eussent vu

Conditionnel

Impératif

Modes impersonnels

	Présent	Passé		Infinitif
je/j'	verrais	aurais vu		voir
tu	verrais	aurais vu	vois	**Participe présent**
il/elle/on	verrait	aurait vu		voyant
nous	verrions	aurions vu	voyons	**Participe passé**
vous	verriez	auriez vu	voyez	vu(e)(s)
ils/elles	verraient	auraient vu		

7 Reflexive Verben

- Reflexive Verben werden mit einem Reflexivpronomen gebraucht. Das Reflexivpronomen steht in der Regel vor der konjugierten Verbform. Die Formen **me**, **te** und **se** werden vor Vokal oder stummem **h** zu **m'**, **t'** und **s'**.
- Alle reflexiven Verben bilden die zusammengesetzten Zeiten mit dem Hilfsverb **être**.

se laver *sich waschen*

Indicatif

	Présent	Imparfait	Passé simple	Futur
je	me lave	me lavais	me lavai	me laverai
tu	te laves	te lavais	te lavas	te laveras
il/elle/on	se lave	se lavait	se lava	se lavera
nous	nous lavons	nous lavions	nous lavâmes	nous laverons
vous	vous lavez	vous laviez	vous lavâtes	vous laverez
ils/elles	se lavent	se lavaient	se lavèrent	se laveront

	Passé composé	Plus-que-parfait	Passé antérieur	Futur antérieur
je	me suis lavé(e)	m' étais lavé(e)	me fus lavé(e)	me serai lavé(e)
tu	t' es lavé(e)	t' étais lavé(e)	te fus lavé(e)	te seras lavé(e)
il/elle/on	s' est lavé(e)	s' était lavé(e)	se fut lavé(e)	se sera lavé(e)
nous	nous sommes lavé(e)s	nous étions lavé(e)s	nous fûmes lavé(e)s	nous serons lavé(e)s
vous	vous êtes lavé(e)(s)	vous étiez lavé(e)(s)	vous fûtes lavé(e)(s)	vous serez lavé(e)(s)
ils/elles	se sont lavé(e)s	s' étaient lavé(e)s	se furent lavé(e)s	se seront lavé(e)s

Subjonctif

	Présent	Passé	Imparfait	Plus-que-parfait
que je	me lave	me sois lavé(e)	me lavasse	me fusse lavé(e)
que tu	te laves	te sois lavé(e)	te lavasses	te fusses lavé(e)
qu'il/elle/on	se lave	se soit lavé(e)	se lavât	se fût lavé(e)
que nous	nous lavions	nous soyons lavé(e)s	nous lavassions	nous fussions lavé(e)s
que vous	vous laviez	vous soyez lavé(e)(s)	vous lavassiez	vous fussiez lavé(e)(s)
qu'ils/elles	se lavent	se soient lavé(e)s	se lavassent	se fussent lavé(e)s

Conditionnel / Impératif / Modes impersonnels

	Présent	Passé	Impératif	Modes impersonnels
				Infinitif
je/j'	me laverais	me serais lavé(e)		se laver
tu	te laverais	te serais lavé(e)	lave-toi	**Participe présent**
il/elle/on	se laverait	se serait lavé(e)		se lavant
nous	nous laverions	nous serions lavé(e)s	lavons-nous	**Participe passé**
vous	vous laveriez	vous seriez lavé(e)(s)	lavez-vous	lavé(e)(s)
ils/elles	se laveraient	se seraient lavé(e)s		

8 Passivkonjugation

être aimé *geliebt werden*

Indicatif

	Présent		Imparfait		Passé simple		Futur simple	
je/j'	suis	aimé(e)	étais	aimé(e)	fus	aimé(e)	serai	aimé(e)
tu	es	aimé(e)	étais	aimé(e)	fus	aimé(e)	seras	aimé(e)
il/elle/on	est	aimé(e)	était	aimé(e)	fut	aimé(e)	sera	aimé(e)
nous	sommes	aimé(e)s	étions	aimé(e)s	fûmes	aimé(e)s	serons	aimé(e)s
vous	êtes	aimé(e)(s)	étiez	aimé(e)(s)	fûtes	aimé(e)(s)	serez	aimé(e)(s)
ils/elles	sont	aimé(e)s	étaient	aimé(e)s	furent	aimé(e)s	seront	aimé(e)s

	Passé composé		Plus-que-parfait		Passé antérieur		Futur antérieur	
j'	ai	été aimé(e)	avais	été aimé(e)	eus	été aimé(e)	aurai	été aimé(e)
tu	as	été aimé(e)	avais	été aimé(e)	eus	été aimé(e)	auras	été aimé(e)
il/elle/on	a	été aimé(e)	avait	été aimé(e)	eut	été aimé(e)	aura	été aimé(e)
nous	avons	été aimé(e)s	avions	été aimé(e)s	eûmes	été aimé(e)s	aurons	été aimé(e)s
vous	avez	été aimé(e)(s)	aviez	été aimé(e)(s)	eûtes	été aimé(e)(s)	aurez	été aimé(e)(s)
ils/elles	ont	été aimé(e)s	avaient	été aimé(e)s	eurent	été aimé(e)s	auront	été aimé(e)s

Subjonctif

	Présent		Passé		Imparfait		Plus-que-parfait	
que je	sois	aimé(e)	aie	été aimé(e)	fusse	aimé(e)	eusse	été aimé(e)
que tu	sois	aimé(e)	aies	été aimé(e)	fusses	aimé(e)	eusses	été aimé(e)
qu'il/elle/on	soit	aimé(e)	ait	été aimé(e)	fût	aimé(e)	eût	été aimé(e)
que nous	soyons	aimé(e)s	ayons	été aimé(e)s	fussions	aimé(e)s	eussions	été aimé(e)s
que vous	soyez	aimé(e)(s)	ayez	été aimé(e)(s)	fussiez	aimé(e)(s)	eussiez	été aimé(e)(s)
qu'ils/elles	soient	aimé(e)s	aient	été aimé(e)s	fussent	aimé(e)s	eussent	été aimé(e)s

Conditionnel / Impératif / Modes impersonnels

	Présent		Passé		Impératif	Modes impersonnels
						Infinitif
je/j'	serais	aimé(e)	aurais	été aimé(e)		être aimé(e)(s)
tu	serais	aimé(e)	aurais	été aimé(e)	sois aimé(e)	**Participe présent**
il/elle/on	serait	aimé(e)	aurait	été aimé(e)		étant aimé(e)(s)
nous	serions	aimé(e)s	aurions	été aimé(e)s	soyons aimé(e)s	**Participe passé**
vous	seriez	aimé(e)(s)	auriez	été aimé(e)(s)	soyez aimé(e)(s)	avoir été
ils/elles	seraient	aimé(e)s	auraient	été aimé(e)s		aimé(e)(s)

9 Unpersönliche Verben

▶ Unpersönliche Verben werden in der Regel nur in Verbindung mit dem Pronomen **il** verwendet.

9.1 falloir *nötig sein*

Indicatif

	Présent	Imparfait	Passé simple	Futur simple
il	faut	fallait	fallut	faudra

	Passé composé	Plus-que-parfait	Passé antérieur	Futur antérieur
il	a fallu	avait fallu	eut fallu	aura fallu

Subjonctif

	Présent	Passé	Imparfait	Plus-que-parfait
qu'il	faille	ait fallu	fallût	eût fallu

Conditionnel / Impératif / Modes impersonnels

	Présent	Passé	Impératif	Modes impersonnels
				Infinitif
il	faudrait	aurait fallu		falloir
				Participe passé
				fallu

9.2 pleuvoir *regnen*

▶ Die 3. Person Plural ist im übertragenen Sinn möglich: Les sanctions **pleuvent.** *Es regnet Sanktionen.*

Indicatif

	Présent	Imparfait	Passé simple	Futur simple
il	pleut	pleuvait	plut	pleuvra
ils/elles	pleuvent	pleuvaient	plurent	pleuvront

	Passé composé	Plus-que-parfait	Passé antérieur	Futur antérieur
il	a plu	avait plu	eut plu	aura plu
ils/elles	ont plu	avaient plu	eurent plu	auront plu

Subjonctif

	Présent	Passé	Imparfait	Plus-que-parfait
qu'il	pleuve	ait plu	plût	eût plu
qu'ils/elles	pleuvent	aient plu	plussent	eussent plu

Conditionnel / Impératif / Modes impersonnels

	Présent	Passé	Impératif	Modes impersonnels
				Infinitif
il	pleuvrait	aurait plu		pleuvant
ils/elles	pleuvraient	auraient plu		**Participe passé**
				plu

10 Defektive Verben

▶ Defektive Verben haben eine unvollständige Konjugation. Im Folgenden finden Sie eine Liste der noch gebräuchlichen defektiven Verben.

10.1 accroire *glauben (lassen)*

▶ Nur im Infinitiv und in Verbindung mit **faire** oder **laisser** gebräuchlich.

10.2 bruire *rascheln (Geräusch)*

▶ Eigentlich nur in der 3. Person verwendet. Gleiches Konjugationsmuster wie **finir**.

Indicatif

	Présent	Imparfait	Passé simple	Futur simple
je	bruis	bruissais	bruis	bruirai
tu	bruis	bruissais	bruis	bruiras
il/elle/on	bruit	bruissait	bruit	bruira
nous	bruissons	bruissions	bruîmes	bruirons
vous	bruissez	bruissiez	bruîtes	bruirez
ils/elles	bruissent	bruissaient	bruirent	bruiront

	Passé composé	Plus-que-parfait	Passé antérieur	Futur antérieur
j'	ai bruit	avais bruit	eus bruit	aurai bruit
tu	as bruit	avais bruit	eus bruit	auras bruit
il/elle/on	a bruit	avait bruit	eut bruit	aura bruit
nous	avons bruit	avions bruit	eûmes bruit	aurons bruit
vous	avez bruit	aviez bruit	eûtes bruit	aurez bruit
ils/elles	ont bruit	avaient bruit	eurent bruit	auront bruit

Subjonctif

	Présent	Passé	Imparfait	Plus-que-parfait
que je/j'	bruisse	aie bruit		eusse bruit
que tu	bruisses	aies bruit		eusses bruit
qu'il/elle/on	bruisse	ait bruit		eût bruit
que nous	bruissions	ayons bruit		eussions bruit
que vous	bruissiez	ayez bruit		eussiez bruit
qu'ils/elles	bruissent	aient bruit		eussent bruit

Conditionnel / Impératif / Modes impersonnels

	Présent	Passé		Infinitif
je/j'	bruirais	aurais bruit		bruire
tu	bruirais	aurais bruit	bruis	**Participe présent**
il/elle/on	bruirait	aurait bruit		bruissant
nous	bruirions	aurions bruit	bruissons	**Participe passé**
vous	bruiriez	auriez bruit	bruissez	bruit
ils/elles	bruiraient	auraient bruit		

10.3 choir *fallen, stürzen*

▶ Im heutigen Französisch vor allem in der Grundform, in der 3. Person und in Verbindung mit **laisser** (**laisser choir** fallen lassen) gebräuchlich. Die Futur- und Konditionalformen auf **cherr-** sind veraltet.

Indicatif

	Présent	Imparfait	Passé simple	Futur simple
je	chois		chus	choirai / cherrai
tu	chois		chus	choiras / cherras
il/elle/on	choit		chut	choira / cherra
nous			chûmons	choirons / cherrons
vous			chûtes	choirez / cherrez
ils/elles	choient		churont	choiront / cherront

	Passé composé	Plus-que-parfait	Passé antérieur	Futur antérieur
je / j'	suis chu(e)	étais chu(e)	fus chu(e)	serai chu(e)
tu	es chu(e)	étais chu(e)	fus chu(e)	seras chu(e)
il/elle/on	est chu(e)	était chu(e)	fut chu(e)	sera chu(e)
nous	sommes chu(e)s	étions chu(e)s	fûmes chu(e)s	serons chu(e)s
vous	êtes chu(e)(s)	étiez chu(e)(s)	fûtes chu(e)(s)	serez chu(e)(s)
ils/elles	sont chu(e)s	étaient chu(e)s	furent chu(e)s	seront chu(e)s

Subjonctif

	Présent	Passé	Imparfait	Plus-que-parfait
que je/j'		sois chu(e)		fusse chu(e)
que tu		sois chu(e)		fusses chu(e)
qu'il/elle/on		soit chu(e)	chût	fût chu(e)
que nous		soyons chu(e)s		fussions chu(e)s
que vous		soyez chu(e)(s)		fussiez chu(e)(s)
qu'ils/elles		soient chu(e)s		fussent chu(e)s

Conditionnel

	Présent	Passé
je/j'	choirais / cherrais	serais chu(e)
tu	choirais / cherrais	serais chu(e)
il/elle/on	choirait / cherrait	serait chu(e)
nous	choirions / cherrions	serions chu(e)s
vous	choiriez / cherriez	seriez chu(e)(s)
ils/elles	choirraient / cherraient	seraient chu(e)s

Modes impersonnels

Infinitif
choir
Participe présent
Participe passé
chu(e)(s)

10.4 clore *schließen, beenden*

▶ Die Empfehlungen zur Vereinfachung der Rechtschreibung erlauben die Schreibung ohne **accent circonflexe** vor dem **t**.

Indicatif

	Présent	Imparfait	Passé simple	Futur simple
je	clos			clorai
tu	clos			cloras
il/elle/on	clôt			clora
nous				clorons
vous				clorez
ils/elles	closent			cloront

	Passé composé	Plus-que-parfait	Passé antérieur	Futur antérieur
j'	ai clos	avais clos	eus clos	aurai clos
tu	as clos	avais clos	eus clos	auras clos
il/elle/on	a clos	avait clos	eut clos	aura clos
nous	avons clos	avions clos	eûmes clos	aurons clos
vous	avez clos	aviez clos	eûtes clos	aurez clos
ils/elles	ont clos	avaient clos	eurent clos	auront clos

Subjonctif

	Présent	Passé	Imparfait	Plus-que-parfait
que je/j'	close	aie clos		eusse clos
que tu	closes	aies clos		eusses clos
qu'il/elle/on	close	ait clos		eût clos
que nous	closions	ayons clos		eussions clos
que vous	closiez	ayez clos		eussiez clos
qu'ils/elles	closent	aient clos		eussent clos

Conditionnel / Impératif / Modes impersonnels

	Présent	Passé	Impératif	Modes impersonnels
				Infinitif
je/j'	clorais	aurais clos		clore
tu	clorais	aurais clos	clos	**Participe présent**
il/elle/on	clorait	aurait clos		closant
nous	clorions	aurions clos		**Participe passé**
vous	cloriez	auriez clos		clos(e)(s)
ils/elles	cloraient	auraient clos		

10.5 déchoir *sinken*

▶ **Avoir** oder **être** als Hilfsverb je nach Bedeutung: Mit **avoir** wird eine Handlung (1), mit **être** ein Zustand (2) ausgedrückt:

1 Sa popularité **a** déchu. *Seine Popularität ist gesunken.*
2 Il **est** déchu de sa fonction. *Er ist seines Amtes enthoben.*

Indicatif

	Présent	Imparfait	Passé simple	Futur simple
je	déchois		déchus	déchoirai
tu	déchois		déchus	déchoiras
il/elle/on	déchoit		déchut	déchoira
nous	déchoyons		déchûmes	déchoirons
vous	déchoyez		déchûtes	déchoirez
ils/elles	déchoient		déchurent	déchoiront

	Passé composé	Plus-que-parfait	Passé antérieur	Futur antérieur
j'	ai déchu	avais déchu	eus déchu	aurai déchu
tu	as déchu	avais déchu	eus déchu	auras déchu
il/elle/on	a déchu	avait déchu	eut déchu	aura déchu
nous	avons déchu	avions déchu	eûmes déchu	aurons déchu
vous	avez déchu	aviez déchu	eûtes déchu	aurez déchu
ils/elles	ont déchu	avaient déchu	eurent déchu	auront déchu

Subjonctif

	Présent	Passé	Imparfait	Plus-que-parfait
que je/j'	déchoie	aie déchu	déchusse	eusse déchu
que tu	déchoies	aies déchu	déchusses	eusses déchu
qu'il/elle/on	déchoie	ait déchu	déchût	eût déchu
que nous	déchoyions	ayons déchu	déchussions	eussions déchu
que vous	déchoyiez	ayez déchu	déchussiez	eussiez déchu
qu'ils/elles	déchoient	aient déchu	déchussent	eussent déchu

Conditionnel / Impératif / Modes impersonnels

	Présent	Passé	Impératif	Modes impersonnels
				Infinitif
je/j'	déchoirais	aurais déchu		déchoir
tu	déchoirais	aurais déchu		**Participe présent**
il/elle/on	déchoirait	aurait déchu		déchéant
nous	déchoirions	aurions déchu		**Participe passé**
vous	déchoiriez	auriez déchu		déchu(e)(s)
ils/elles	déchoiraient	auraient déchu		

10.6 distraire *zerstreuen, unterhalten*

Indicatif

	Présent	Imparfait	Passé simple	Futur simple
je	distrais	distrayais		distrairai
tu	distrais	distrayais		distrairas
il/elle/on	distrait	distrayait		distraira
nous	distrayons	distrayions		distrairons
vous	distrayez	distrayiez		distrairez
ils/elles	distraient	distrayaient		distrairont

	Passé composé		Plus-que-parfait		Passé antérieur		Futur antérieur	
j'	ai	distrait	avais	distrait	eus	distrait	aurai	distrait
tu	as	distrait	avais	distrait	eus	distrait	auras	distrait
il/elle/on	a	distrait	avait	distrait	eut	distrait	aura	distrait
nous	avons	distrait	avions	distrait	eûmes	distrait	aurons	distrait
vous	avez	distrait	aviez	distrait	eûtes	distrait	aurez	distrait
ils/elles	ont	distrait	avaient	distrait	eurent	distrait	auront	distrait

Subjonctif

	Présent	Passé		Imparfait	Plus-que-parfait	
que je/j'	distraie	aie	distrait		eusse	distrait
que tu	distraies	aies	distrait		eusses	distrait
qu'il/elle/on	distraie	ait	distrait		eût	distrait
que nous	distrayions	ayons	distrait		eussions	distrait
que vous	distrayiez	ayez	distrait		eussiez	distrait
qu'ils/elles	distraient	aient	distrait		eussent	distrait

Conditionnel

Impératif

Modes impersonnels

	Présent	Passé			Infinitif
je/j'	distrairais		aurais	distrait	distraire
tu	distrairais	aurais	distrait	distrais	**Participe présent**
il/elle/on	distrairait	aurait	distrait		distrayant
nous	distrairions	aurions	distrait	distrayons	**Participe passé**
vous	distrairiez	auriez	distrait	distrayez	distrait(e)(s)
ils/elles	distrairaient	auraient	distrait		

10.7 échoir *fällig sein, jemandem zufallen*

Indicatif

	Présent	Imparfait	Passé simple	Futur simple
il/elle/on	échoit / échet	échoyait / échéait	échut	échoira / écherra
ils/elles	échoient / échéent	échoyaient / échéaient	échurent	échoiront / écherront

	Passé composé	Plus-que-parfait	Passé antérieur	Futur antérieur
il/elle	est échu(e)	était échu(e)	fut échu(e)	sera échu(e)
ils/elles	sont échu(e)s	étaient échu(e)s	furent échu(e)s	seront échu(e)

Subjonctif

	Présent	Passé	Imparfait	Plus-que-parfait
qu'il/elle	échoie / échée	soit échu(e)	échût	fût échu(e)
qu'ils/elles	échoient / échéent	soient échu(e)s	échussent	fussent échu(e)s

Conditionnel

	Présent	Passé
il/elle/on	échoirait	aurait échu
ils/elles	échoiraient	auraient échu

Impératif

Modes impersonnels

Infinitif
échoir
Participe présent
échéant
Participe passé
échu(e)(s)

10.8 s'ensuivre *sich (aus etwas) ergeben*

Indicatif

	Présent	Imparfait	Passé simple	Futur simple
il/elle	s'ensuit	s'ensuivait	s'ensuivit	s'ensuivra
ils/elles	s'ensuivent	s'ensuivaient	s'ensuivirent	s'ensuivront

	Passé composé	Plus-que-parfait	Passé antérieur	Futur antérieur
il/elle	s'est ensuivi(e)	s'était ensuivi(e)	se fut ensuivi(e)	se sera ensuivi(e)
ils/elles	se sont ensuivi(e)s	s'étaient ensuivi(e)s	se furent ensuivi(e)s	se seront ensuivi(e)s

Subjonctif

	Présent	Passé	Imparfait	Plus-que-parfait
qu'il/elle/on	s'ensuive	se soit ensuivi(e)	s'ensuivît	se fût ensuivi(e)
qu'ils/elles	s'ensuivent	se soient ensuivi(e)s	s'ensuivissent	se fussent ensuivi(e)s

Conditionnel / Impératif / Modes impersonnels

	Présent	Passé		Infinitif
il/elle	s'ensuivrait	se serait ensuivi(e)		s'ensuivre
ils/elles	s'ensuivraient	se seraient ensuivi(e)s		**Participe passé**
				ensuivi(e)(s)

10.9 faillir *(etwas) beinahe tun*

▶ Nur in der Bedeutung „(etwas) beinahe tun" defektiv. Vor allem in der Grundform und in den zusammengesetzten Zeiten verwendet.

	Passé composé		Plus-que-parfait		Passé antérieur		Futur antérieur	
j'	ai	failli	avais	failli	eus	failli	aurai	failli
tu	as	failli	avais	failli	eus	failli	auras	failli
il/elle/on	a	failli	avait	failli	eut	failli	aura	failli
nous	avons	failli	avions	failli	eûmes	failli	aurons	failli
vous	avez	failli	aviez	failli	eûtes	failli	aurez	failli
ils/elles	ont	failli	avaient	failli	eurent	failli	auront	failli

Subjonctif

	Présent	Passé		Imparfait	Plus-que-parfait	
que je/j'		aie	failli		eusse	failli
que tu		aies	failli		eusses	failli
qu'il/elle/on		ait	failli		eût	failli
que nous		ayons	failli		eussions	failli
que vous		ayez	failli		eussiez	failli
qu'ils/elles		aient	failli		eussent	failli

Conditionnel / Impératif / Modes impersonnels

	Présent	Passé			Infinitif
je/j'		aurais	failli		faillir
tu		aurais	failli		**Participe présent**
il/elle/on		aurait	failli		
nous		aurions	failli		**Participe passé**
vous		auriez	failli		failli
ils/elles		auraient	failli		

10.10 frire *braten*

▶ Nur die Grundform und das **participe passé** sind gebräuchlich. Die fehlenden Formen werden mit der Umschreibung **faire frire** wiedergegeben.

10.11 gésir *liegen*

Indicatif / Modes impersonnels

	Présent	Imparfait	Infinitif
je	gis	gisais	gésir
tu	gis	gisais	**Participe présent**
il/elle/on	gît / git	gisait	gisant
nous	gisons	gisions	
vous	gisez	gisiez	
ils/elles	gisent	gisaient	

10.12 paître *grasen, weiden*

▶ Die Schreibung ohne **accent circonflexe** ist ebenfalls möglich.

Indicatif

	Présent	Imparfait	Passé simple	Futur simple
je	pais	paissais		paîtrai
tu	pais	paissais		paîtras
il/elle/on	paît	paissait		paîtra
nous	paissons	paissions		paîtrons
vous	paissez	paissiez		paîtrez
ils/elles	paissent	paissaient		paîtront

Subjonctif

	Présent	Passé	Imparfait	Plus-que-parfait
que je/j'	paisse			
que tu	paisses			
qu'il/elle/on	paisse			
que nous	paissions			
que vous	paissiez			
qu'ils/elles	paissent			

Conditionnel / Impératif / Modes impersonnels

	Présent	Passé		Infinitif
je/j'	paîtrais			paître
tu	paîtrais		pais	**Participe présent**
il/elle/on	paîtrait			paissant
nous	paîtrions		paissons	
vous	paîtriez		paissez	
ils/elles	paîtraient			

10.13 poindre *zum Vorschein kommen*

Indicatif

	Présent	Imparfait	Passé simple	Futur simple
il/elle	point	poignait		poindra

Conditionnel			Impératif	Modes impersonnels
	Présent			Infinitif
il/elle	poindrait			poindre
				Participe présent
				poignant

10.14 quérir *holen (lassen)*

▶ Nur im Infinitiv in Verbindung mit **aller**, **envoyer**, **faire** und **venir** verwendet.

10.15 seoir *sich ziemen, gut stehen*

▶ Nur in der 3. Person verwendet.

Indicatif

	Présent	Imparfait	Passé simple	Futur simple
il/elle	sied	seyait		siéra
ils/elles	siéent	seyaient		siéront

Subjonctif

	Présent	Passé	Imparfait	Plus-que-parfait
qu'il/elle	siée			
qu'ils/elles	siéent			

Conditionnel			Impératif	Modes impersonnels
	Présent	Passé		Infinitif
il/elle/on	siérait			seoir
ils/elles	siéraient			Participe présent
				seyant / séant

Alphabetisches Verbregister Französisch – Deutsch

- Die Nummerierung verweist auf die in den Konjugationstabellen vollständig konjugierten Musterverben (diese sind im Register blau markiert).
- Für jedes Verb wird die Präposition, die die Ergänzung einführt, angegeben.
- Weil die meisten französischen Verben die zusammengesetzten Zeiten mit **avoir** bilden, wird nur die Verbindung Verb + **être** (oder Verb + **être** / **avoir**) gekennzeichnet.
- Die Abkürzung **def.** verweist auf ein defektives Verb (= Verb mit unvollständiger Konjungation).
- Die Abkürzung **unpers.** weist auf ein unpersönliches Verb hin.
- Verben, die bei reflexiver Verwendung ihre Bedeutung ändern, sind gesondert aufgeführt.

A

abandonner → 3.1 verlassen, aufgeben
abasourdir → 4.1 bestürzen, verblüffen
abattre → 6.5 fällen
abattre (s'… sur) + être → 6.5 + 7 sich stürzen auf, niederschlagen
abêtir → 4.1 verdummen, dumm machen
abîmer → 3.1 beschädigen, ruinieren
abolir → 4.1 abschaffen, außer Kraft setzen
abonnir → 4.1 verbessern
aboutir à → 4.1 führen zu
aboyer → 3.3.5 bellen, brüllen
abréger → 3.3.14 verkürzen, abkürzen
abriter → 3.1 Schutz gewähren, beherbergen
abroger → 3.3.2 abschaffen, aufheben
absenter (s') + être → 7 abwesend sein
abrutir → 4.1 verdummen
absoudre (Partizip Perfekt: ***absous / absoute***) → 6.37 für straflos erklären
abstenir (s'… de) + être → 6.44 + 7 sich enthalten
abstraire → 10.6 abstrahieren
accéder à → 3.3.11 gelangen
accélérer → 3.3.11 beschleunigen
accentuer → 3.1 einen Akzent setzen auf, betonen
accepter → 3.1 annehmen
accompagner → 3.1 begleiten
accomplir → 4.1 vollenden, ausführen
accourir + être / avoir → 6.11 herbeieilen
accroire, def → 10.1 glauben (lassen)
accroître (Partizip Perfekt und 1. und 2. Person Präsens ohne ***accent circonflexe***) → 6.14 vergrößern, vermehren
accroupir (s') + être → 4.1 + 7 in die Hocke gehen
accueillir → 6.1 empfangen
accuser → 3.1 beschuldigen
acharner (s') + être → 7 sich auf etwas versteifen
acheter → 3.3.6 kaufen
achever → 3.3.6 vollenden
acquérir → 6.2 erwerben
acquiescer → 3.3.1 zustimmen
acquitter → 3.1 freisprechen, bezahlen (Rechnung)
adhérer à → 3.3.11 haften, Mitglied werden
adjoindre → 6.21 hinzufügen
admettre → 6.23 anerkennen, zugeben

adonner (s'... à) + être → 7 sich hingeben, sich widmen
adoucir → 4.1 versüßen
advenir (nur 3. Person Singular und Plural) + être, def. → 6.45 geschehen
aérer → 3.3.11 lüften
affadir → 4.1 fade machen, schwächen
affaiblir → 4.1 schwächen
affilier à (1. und 2. Person Plural *imparfait* und *subjonctif présent*: zwei *i*) → 3.1 angliedern
affirmer → 3.1 behaupten
affliger → 3.3.2 betrüben, Kummer bereiten
affluer → 3.1 (zusammen) strömen
affranchir → 4.1 freimachen
affréter → 3.3.11 mieten (Schiff, Flugzeug)
agacer → 3.3.1 nerven, reizen
agencer → 3.3.1 anordnen, einrichten
agenouiller (s') + être → 7 hinknien
aggraver → 3.1 verschlimmern
agir → 4.1 handeln, tätig sein
agir (s'... de) + être, unpers. → 4.1 + 7 handeln von
agrandir → 4.1 vergrößern
agréer (Partizip Perfekt auf *-éé* / feminine Form auf *-éée*) → 3.1 annehmen, bewilligen
aguerrir → 4.1 abhärten
aigrir → 4.1 sauer werden
aimer → 3.1 lieben, gern haben
alanguir → 4.1 ermatten, träge werden lassen
aliéner → 3.3.11 veräußern
allécher → 3.3.11 anlocken
alléger → 3.3.14 erleichtern
alléguer (*gu* bei allen Formen) → 3.3.11 behaupten
aller + être → 1.3 gehen, fahren
allier à / avec → 3.2 vereinigen
allonger → 3.3.2 verlängern, länger werden
allouer → 3.1 gewähren, bewilligen
alourdir → 4.1 schwerer machen
altérer → 3.3.11 beeinträchtigen, verändern
amadouer → 3.1 besänftigen
amaigrir → 4.1 abmagern
aménager → 3.3.2 einrichten
amener → 3.3.7 mitbringen, mitführen
amerrir → 4.1 auf Wasser landen
amnistier → 3.2 begnadigen
amoindrir → 4.1 vermindern, verkleinern
amollir → 4.1 weich machen
amonceler → 3.3.9 anhäufen
amortir → 4.1 abschwächen, dämpfen
anéantir → 4.1 vernichten
anémier → 3.2 schwächen
anesthésier → 3.2 betäuben
annoncer → 3.3.1 ankündigen
anoblir → 4.1 adeln
antidater → 3.1 zurückdatieren
apercevoir → 6.36 bemerken, wahrnehmen
apitoyer → 3.3.5 Mitleid erregen
apitoyer (s'... sur) + être → 3.3.5 + 7 bemitleiden
aplanir → 4.1 einebnen
aplatir → 4.1 abflachen
apparaître + être → 6.9 erscheinen, auftreten
appartenir à → 6.44 gehören, zustehen
appauvrir → 4.1 arm machen
appeler → 3.3.9 rufen
appeler (s') + être → 3.3.9 + 7 heißen
applaudir → 4.1 (Beifall) klatschen
apporter → 3.1 bringen
apprécier → 3.2 (wert)schätzen
appréhender → 3.1 befürchten, festnehmen
apprendre → 6.33 lernen
approcher → 3.1 näher kommen
approfondir → 4.1 vertiefen
approprier (s') + être → 3.2 + 7 sich aneignen
appuyer → 3.3.4 drücken, unterstützen
arranger → 3.3.2 anordnen, einrichten, organisieren
arriver + être → 3.1 ankommen
arroger (s') + être → 3.3.2 + 7 sich anmaßen
arrondir → 4.1 abrunden
asperger → 3.3.2 besprengen
assagir → 4.1 ruhiger machen

assaillir → 6.41 angreifen
assainir → 4.1 gesund machen
assécher → 3.3.11 trocknen
asséner → 3.3.11 einen Schlag versetzen
asseoir → 6.3 (fest)setzen
asseoir (s') + être → 6.3 + 7 sich setzen
asservir → 4.1 unterwerfen
assiéger → 3.3.14 belagern
assombrir → 4.1 verdunkeln, missmutig machen
assortir à / avec / de → 4.1 zusammenstellen
assoupir (s') + être → 4.1 + 7 einschläfern, eindösen
assouplir → 4.1 geschmeidig machen
assourdir → 4.1 betäuben
assouvir → 4.1 befriedigen, stillen
assujettir à → 4.1 unterwerfen
assumer → 3.1 etwas auf sich nehmen, übernehmen
astreindre à → 6.4 zwingen
atteindre → 6.4 erreichen, treffen
atteler à → 3.3.9 anspannen, anschirren
attendre → 5.1 warten
attendrir → 4.1 weich machen
atterrir → 4.1 landen
attester → 3.1 bestätigen, belegen
attiédir → 4.1 abkühlen, dämpfen
attribuer à → 3.1 verleihen, zuweisen
authentifier → 3.2 beglaubigen
autocensurer (s') + être → 7 sich selbst zensieren
autofinancer (s') + être → 3.3.1 + 7 sich selbst finanzieren
autoriser → 3.1 erlauben, genehmigen
avancer → 3.3.1 vorankommen, vorverlegen
avantager → 3.3.2 begünstigen
avérer (s') + être → 3.3.11+7 sich als (wahr) herausstellen
avertir → 4.1 warnen, benachrichtigen
avilir → 4.1 erniedrigen
avoir → 1.1 haben
avorter → 3.1 abtreiben, scheitern
avouer → 3.1 gestehen, zugeben

B

balancer → 3.3.1 schaukeln, schwanken
balayer → 3.3.3 kehren
bannir → 4.1 (ver)bannen
bâtir → 4.1 bauen
battre → 6.5 schlagen, kämpfen
bavarder → 3.1 plaudern, schwätzen
bégayer → 3.3.3 stottern
bénéficier de → 3.1 profitieren
bénir → 4.1 segnen, (ein)weihen
bercer → 3.3.1 wiegen
blaguer (*gu* bei allen Formen) → 3.1 Witze machen, scherzen
blanchir → 4.1 weiß werden, weiß machen
blasphémer → 3.3.11 lästern, fluchen
blêmir → 4.1 erblassen
blesser → 3.1 verletzen
bleuir → 4.1 blau werden
blondir → 4.1 blond werden, blond färben
blottir (se) + être → 4.1 + 7 sich anschmiegen
boire → 6.6 trinken
bondir → 4.1 hüpfen, (auf)springen
bouger → 3.3.2 (sich) bewegen
bouillir → 6.7 sieden, kochen
brancher à / sur → 3.1 anschließen, anstecken
brandir → 4.1 schwingen, schwenken
breveter → 3.3.7 patentieren
broyer → 3.3.5 zermahlen, zerdrücken
bruire, def. → 10.2 rauschen
brûler → 3.1 brennen, verbrennen
brunir → 4.1 braun färben, nachdunkeln

C

cacher → 3.1 verstecken
cacheter → 3.3.7 (ver)siegeln, zukleben
calmer → 3.1 beruhigen
calomnier → 3.2 verleumden
cambrioler → 3.1 einbrechen
caqueter → 3.3.7 gackern, schnattern

caresser → 3.1 streicheln
cartographier → 3.2 kartographieren
céder à → 3.3.11 abgeben, überlassen, nachgeben
ceindre → 6.4 umbinden, umgeben
célébrer → 3.3.11 feiern, rühmen
celer → 3.3.8 verhehlen, verheimlichen
certifier → 3.2 bescheinigen, beglaubigen
chanceler → 3.3.9 wanken, schwanken
changer → 3.3.2 wechseln, (sich) verändern
changer (se) + être → 3.3.2 + 7 sich umziehen
charger → 3.3.2 beladen, belasten
charger (se ... de) + être → 3.3.2 + 7 übernehmen
chatoyer → 3.3.5 schillern
chauffer → 3.1 warm / heiß werden, sich erwärmen
chérir → 4.1 (zärtlich) lieben
choir + être → 10.3 fallen
choisir → 4.1 (aus)wählen
choyer → 3.3.5 sorgsam pflegen
chronométrer → 3.3.11 Zeit stoppen
circoncire (Partizip Perfekt: *circoncis*) → 6.39 beschneiden
circonscrire → 6.16 beschränken
circonvenir → 6.44 versuchen, jemanden für sich zu gewinnen
ciseler → 3.3.8 ziselieren
cliquer → 3.1 anklicken
cliqueter → 3.3.7 klirren
clore → 10.4 schließen, beenden
clouer → 3.1 nageln, vernageln
codifier → 3.2 kodifizieren
coincer → 3.3.1 klemmen, blockieren
colorier → 3.2 ausmalen, färben
combattre → 6.5 (be)kämpfen
commencer → 3.3.1 beginnen, anfangen
commercer → 3.3.1 Handel treiben
commettre → 6.23 begehen, verüben
comparaître → 6.9 (vor Gericht) erscheinen
compatir → 4.1 Anteil nehmen, mitfühlen
complaire → 6.30 gefällig sein, Gefallen finden
compléter → 3.3.11 vervollständigen
comprendre → 6.33 verstehen
compromettre → 6.23 kompromittieren, gefährden
compter sur / avec → 3.1 zählen auf / mit
concéder → 3.3.11 zugestehen
concevoir → 6.36 begreifen, konzipieren, zeugen
concilier → 3.2 in Einklang bringen
conclure à → 6.8 abschließen, folgern
concourir → 6.11 beitragen zu
concurrencer → 3.3.1 konkurrieren
condescendre à → 5.1 sich herablassen zu
conduire → 6.35 fahren, führen
conférer → 3.3.11 verleihen, konferieren
confier à → 3.2 (an)vertrauen
confire (Partizip Perfekt: *confit*) → 6.39 einmachen
confirmer → 3.1 bestätigen
confondre → 5.1 verwechseln, vermischen
congédier → 3.2 entlassen, kündigen
congeler → 3.3.8 einfrieren
conjuguer (*gu* bei allen Formen) → 3.1 konjugieren
connaître → 6.9 kennen, wissen
conquérir → 6.2 erobern
consentir à → 4.3 zustimmen, einwilligen
considérer → 3.3.11 betrachten, beachten
consister à / en / dans → 3.1 bauen, errichten
construire → 6.35 bestehen in / aus
contenir → 6.44 enthalten, umfassen
continuer à → 3.1 weitergehen, weitermachen
contraindre → 6.12 zwingen
contrarier → 3.2 ärgern, verstimmen, durchkreuzen
contredire → 6.32 widersprechen
contrefaire → 6.19 nachahmen, verstellen
contrevenir à → 6.44 zuwiderhandeln

contribuer à → 3.1 beitragen zu
convaincre → 6.42 überzeugen
convenir à → 6.44 passen, entsprechen
convenir de + être / avoir → 6.44 sich einigen auf, vereinbaren
converger → 3.3.2 in einem Punkt zusammenlaufen
convertir → 4.1 bekehren
convier → 3.2 einladen, auffordern, veranlassen
convoyer → 3.3.5 begleiten, eskortieren
coopérer à → 3.3.11 mitwirken, mithelfen, kooperieren
copier → 3.2 kopieren, abschreiben
corréler → 3.3.11 in einen Zusammenhang bringen
correspondre à → 5.1 übereinstimmen, entsprechen
corriger → 3.3.2 verbessern, korrigieren
corrompre → 5.2 verderben, verschlechtern
côtoyer → 3.3.5 angrenzen, neben etwas verlaufen
coudoyer → 3.3.5 Seite an Seite stehen
coudre → 6.10 nähen
courir → 6.11 rennen, laufen
couvrir → 6.28 bedecken
craindre → 6.12 (be)fürchten
craqueler → 3.3.9 rissig machen
craqueter → 3.3.7 knacken, knarren
crasher (se) + être → 7 abstürzen (Flugzeug)
créer (Partizip Perfekt auf *-éé* / feminine Form auf *-éée*) → 3.1 erschaffen, kreieren
crever → 3.3.8 (auf)platzen, verenden
crier → 3.2 schreien, rufen
croire → 6.13 glauben
croiser → 3.1 überkreuzen
croiser (se) + être → 7 sich begegnen
croître → 6.14 wachsen
croupir → 4.1 faulig werden
cueillir → 6.1 pflücken
cuire → 6.35 garen, kochen
cuisiner → 3.1 kochen

D

débattre → 6.5 diskutieren, debattieren
débattre (se) + être → 6.5 + 7 sich wehren
déblayer → 3.3.3 aufräumen, freilegen
débrayer → 3.3.3 Kupplung treten, Arbeit niederlegen
débrouiller → 3.1 entwirren
débrouiller (se) + être → 7 sich durchschlagen
décacheter → 3.3.7 entsiegeln, öffnen
décéder + être → 3.3.11 sterben
déceler → 3.3.8 entdecken, enthüllen
décevoir → 6.36 enttäuschen
déchiqueter → 3.3.7 in Stücke reißen, zerfetzen
déchoir + être / avoir, def. → 10.5 verfallen, tief sinken
décolérer → 3.3.11 sich beruhigen
décongeler → 3.3.8 auftauen
décontenancer → 3.3.1 aus der Fassung bringen
découdre → 6.10 auftrennen
décourager → 3.3.2 entmutigen
découvrir → 6.28 entdecken, enthüllen
décrépir → 4.1 den Putz entfernen
décréter → 3.3.11 verordnen, verfügen
décrier → 3.1 in Verruf bringen
décrire → 6.16 beschreiben
décroître (Partizip Perfekt und 1./2. P. Sing. Präs. ohne *accent circonflexe*) → 6.14 abnehmen, kürzer werden
dédicacer → 3.3.1 widmen, weihen
dédier à → 3.2 widmen
dédire (se) + être → 6.32 + 7 widerrufen, Gesagtes zurücknehmen
dédommager → 3.3.2 entschädigen
déduire → 6.35 ableiten, folgern
défaillir → 6.41 in Ohnmacht fallen, schwächer werden
défaire → 6.19 aufmachen
défendre → 5.1 verteidigen
déférer → 3.3.11 vor Gericht bringen
défier de → 3.2 herausfordern, trotzen

défier (se ... de) + être → 3.2 + 7 misstrauen
définir → 4.1 definieren
défoncer → 3.3.1 einschlagen, beschädigen
défraîchir (se) + être → 4.1 + 7 verblassen, verblühen
dégager → 3.3.2 losmachen, befreien
dégarnir → 4.1 wegräumen, entblößen
dégeler → 3.3.8 (auf)tauen
dégénérer → 3.3.11 entarten
déglutir → 4.1 hinunterschlucken
dégorger → 3.3.2 sich entleeren, entwässern
dégourdir → 4.1 wieder beweglich machen
dégrossir → 4.1 grob bearbeiten
déifier → 3.2 zum Gott machen
déjouer → 3.1 vereiteln, durchkreuzen (Plan)
délayer → 3.3.3 verdünnen, verwässern
délecter (se ... de) + être → 7 genießen
déléguer (*gu* bei allen Formen) → 3.1 delegieren, übertragen
délibérer → 3.3.11 über etwas beraten
délier → 3.2 aufbinden, entbinden
déloger → 3.3.2 vertreiben, wegjagen
demander à → 3.1 fragen
démanger → 3.3.2 jucken, reizen
démanteler → 3.3.8 zerstören, zerschlagen
déménager → 3.3.2 ausziehen, umziehen
démener (se) + être → 3.3.8 + 7 sich abmühen
démentir → 4.3 widersprechen, widerlegen
démettre → 6.23 verrenken, entlassen aus
démettre (se ... de) + être → 6.23 + 7 zurücktreten
demeurer + être / avoir → 3.1 wohnen, bleiben
démolir → 4.1 zerstören, abreißen
démordre de (meist verneint) → 5.1 beharren auf
démunir de → 4.1 wegnehmen, mittellos machen
démystifier → 3.2 aufklären
démythifier → 3.2 entmystifizieren
dénier → 3.2 abstreiten, leugnen
dénoncer → 3.3.1 anzeigen, denunzieren
dénouer → 3.1 aufknoten, lösen
départager → 3.3.2 eine Entscheidung herbeiführen
départir de → 4.3 verteilen, zuweisen
départir (se ... de) + être → 4.3 + 7 aufgeben, ablassen von
dépecer → 3.3.12 zerstückeln
dépeindre → 6.4 schildern, darstellen
dépendre de → 5.1 abhängen von
dépérir → 4.1 schwächer werden, verkümmern, eingehen
déplacer → 3.3.1 versetzen, umstellen
déplaire à → 6.30 missfallen, verstimmen
déplier → 3.2 auseinander falten
déployer → 3.3.5 ausbreiten, setzen, stationieren
dépolluer → 3.1 säubern, sanieren
déposséder → 3.3.11 enteignen
dépouiller → 3.1 sichten, durchsehen, berauben
dépoussiérer → 3.3.11 entstauben
déprécier → 3.3.13 herabsetzen, an Wert mindern
déprendre (se ... de) + être → 6.33 + 7 sich losmachen, sich loslösen
dépuceler → 3.3.9 entjungfern
déranger → 3.3.2 stören
dérégler → 3.3.11 verstellen, durcheinander bringen
déroger à → 3.3.2 zuwiderhandeln, verstoßen
désagréger → 3.3.14 auflösen, zersetzen
désaltérer → 3.3.11 den Durst löschen
désamorcer → 3.3.1 entschärfen
désapprendre → 6.33 verlernen
désavantager → 3.3.2 benachteiligen
désavouer → 3.1 verleugnen, abstreiten

descendre + être / avoir → 5.1 hinuntergehen, hinuntertragen
désemplir (meist verneint) → 4.1 leer werden
désengager (se ... de) + être → 3.3.2 + 7 sich zurückziehen
déséquilibrer → 3.1 aus dem Gleichgewicht bringen
désertifier → 3.2 veröden, zur Wüste werden
désespérer → 3.3.11 verzweifeln
déshabituer → 3.1 abgewöhnen
désobéir à → 4.1 nicht gehorchen
dessaisir → 4.1 für nicht zuständig erklären
dessaisir (se ... de) + être → 4.1 + 7 abgeben
dessécher → 3.3.11 (aus)trocknen, abmagern
désennuyer → 3.3.4 zerstreuen, unterhalten
desservir → 4.3 (Tisch) abdecken, einer Sache schaden
désunir → 4.1 entzweien, trennen
déteindre → 6.4 entfärben, verfärben
dételer → 3.3.9 abspannen, ausspannen
détendre → 5.1 entspannen
détenir → 6.44 besitzen
détruire → 6.35 zerstören
devancer → 3.3.1 vorangehen
devenir + être → 6.44 werden
dévêtir → 6.45 ausziehen, (sich) entkleiden
dévier → 3.2 abweichen, ablenken
dévisager → 3.3.2 anstarren
devoir → 2.1 müssen
dévouer (se ... à) + être → 7 sich aufopfern
dévoyer → 3.3.5 vom Weg abbringen
dialoguer (*gu* bei allen Formen) → 3.1 sich unterhalten, verhandeln
différencier → 3.2 unterscheiden
différer de / sur → 3.3.11 abweichen
digérer → 3.3.14 verdauen
diluer → 3.1 verdünnen
diminuer → 3.1 nachlassen, abnehmen
dire → 6.15 sagen
diriger → 3.3.2 führen, leiten
disconvenir → 6.44 nicht passen / zusagen
discourir → 6.11 lange Reden halten
disjoindre → 6.21 auseinander nehmen
disparaître + avoir / être → 6.9 verschwinden
disqualifier → 3.2 disqualifizieren
disséquer → 3.3.11 sezieren
dissocier → 3.2 trennen, lösen, spalten
dissoudre, def. (kein *passé simple* und *subjonctif imparfait*) → 6.37 auflösen, (sich) zersetzen
dissuader → 3.1 abbringen, abschrecken
distancer →3.3.1 distanzieren, abhängen
distancier → 3.2 verfremden
distendre → 5.1 ausdehnen, ausleiern
distinguer (*gu* bei allen Formen) → 3.1 unterscheiden
distraire → 10.6 zerstreuen
distribuer → 3.1 verteilen
diverger → 3.3.2 abweichen
diversifier → 3.2 abwechslungsreich gestalten
divertir → 4.1 ablenken, zerstreuen
divorcer → 3.3.1 sich scheiden lassen
domicilier → 3.2 ansiedeln
dormir → 4.3 schlafen
draguer (*gu* bei allen Formen) → 3.1 ausbaggern, anbaggern
durcir → 4.1 hart werden

E

ébahir → 4.1 verblüffen
ébattre (s') + être → 6.5 + 7 herumtollen
éblouir → 4.1 blenden, faszinieren
écarteler → 3.3.8 vierteilen
échanger → 3.3.2 (aus)tauschen, wechseln
échoir à + être, def. → 10.7 jemandem zufallen
échouer → 3.1 scheitern

échouer (s') + être → 7 stranden, auf Grund laufen
éclaircir → 4.1 aufhellen, ausdünnen, lichten
éclore + être / avoir, def. (nur 3. Person) → 10.4 sich öffnen, aufblühen
éconduire → 6.35 abweisen, hinauskomplimentieren
écraser → 3.1 zerdrücken, zerstoßen, zerstrampeln
écrémer → 3.3.11 entrahmen, absahnen
écrier (s'...) + être → 3.2 + 7 schreien
écrire → 6.16 schreiben
écrouer → 3.1 inhaftieren
édifier → 3.2 errichten, erarbeiten, erbauen
effacer → 3.3.1 (aus)löschen, verwischen, entfernen
effectuer → 3.1 ausführen, leisten
efforcer (s'... de) + être → 3.3.1 + 7 sich bemühen
effrayer → 3.3.3 erschrecken
égayer → 3.3.3 aufheitern, freundlich(er) machen
égorger → 3.3.2 jemandem die Kehle durchschneiden
élancer (s'...) + être → 3.3.1 + 7 sich auf etwas stürzen, losrennen
élargir → 4.1 verbreitern, erweitern, ausdehnen
électrifier → 3.2 elektrifizieren
élever → 3.3.8 errichten, (hoch)heben, erhöhen
élire → 6.22 wählen
éloigner → 3.1 fernhalten, abbringen, zerstreuen
émarger → 3.3.2 abzeichnen, unterschreiben
embellir → 4.1 schöner werden, beschönigen
embrayer → 3.3.3 die Kupplung kommen lassen
émerger de → 3.3.2 auftauchen, herausragen
émettre → 6.23 ausstrahlen, verbreiten, aussenden
émincer → 3.3.1 dünn aufschneiden
emménager → 3.3.2 einziehen
emmener → 3.3.8 jemanden bringen, mitnehmen, abführen, entführen
émouvoir → 6.17 bewegen, erregen
emplir → 4.1 füllen
employer → 3.3.5 verwenden, beschäftigen
employer (s'... à) + être → 3.3.5 + 7 sich bemühen
enclore, def. (Indikativ Präsens: *nous éclosons, vous éclosez*) → 10.4 umfrieden, umschließen
encourager → 3.3.2 ermuntern, ermutigen, anfeuern
encourir → 6.11 riskieren
endormir → 4.3 zum Einschlafen bringen, einschläfern
enduire → 6.35 bestreichen, einreiben
endurcir → 4.1 abhärten
enfouir → 4.1 vergraben, verstecken
enfreindre → 6.4 gegen etwas verstoßen
enfuir (s') + être → 6.20 + 7 fliehen, flüchten
engager → 3.3.2 verpflichten, einstellen
engloutir → 4.1 schlingen, verschlingen, versenken
engorger → 3.3.2 verstopfen
engouer (s'... pour) → 7 für etwas schwärmen
engourdir → 4.1 klamm werden lassen (Hände)
engranger → 3.3.2 einfahren, horten
enhardir (s'... à) → 4.1 + 7 wagen, Mut fassen
enjoindre → 6.21 jemandem etwas gebieten
enlacer → 3.3.1 umschlingen, umarmen
enlaidir → 4.1 hässlich werden, verunstalten
enlever → 3.3.8 wegnehmen, entfernen, ablösen
ennoblir → 4.1 adeln
ennuyer → 3.3.4 langweilen
énoncer → 3.3.1 klar darlegen, aussprechen

enorgueillir (s'… de) + être → 4.1 + 7 stolz auf etwas sein
enquérir (s'… de) + être → 6.2 + 7 sich informieren, sich erkundigen
enraciner → 3.1 einpflanzen, Wurzeln schlagen
enrager → 3.3.2 rasend werden (vor Wut)
enrayer → 3.3.3 bremsen, eindämmen, aufhalten
enregistrer → 3.1 aufnehmen, registrieren
enrichir → 4.1 reich(er) machen
enrouer → 3.1 heiser machen
enrouer (s'…) + être → 7 heiser werden
ensemencer → 3.3.1 besäen
ensevelir → 4.1 bestatten, begraben
ensorceler → 3.3.9 verzaubern
ensuivre (s') + être, def. → 10.8 + 7 sich ergeben, daraus folgen
entendre → 5.1 hören
entendre (s') + être → 5.1 + 7 sich verstehen, sich vertragen
entrelacer → 3.3.1 miteinander verweben
entremettre (s') + être → 6.23 + 7 in etwas eingreifen, sich einmischen
entreprendre → 6.33 unternehmen, in Angriff nehmen
entrer + être → 3.1 eintreten
entretenir → 6.44 in Stand halten, unterhalten
entrevoir → 6.47 undeutlich sehen, ahnen
entrouvrir → 6.28 einen Spalt breit öffnen
envahir → 4.1 einfallen in
envier → 3.2 beneiden
envisager → 3.3.2 in Betracht ziehen, planen
envoler (s') + être → 7 wegfliegen, davonfliegen
envoyer → 6.18 verschicken, versenden
épaissir → 4.1 dicker machen, eindicken
épanouir (s'…) + être → 4.1 + 7 aufblühen
épeler → 3.3.9 buchstabieren
épicer → 3.3.1 würzen
épier → 3.2 belauschen, abpassen
éponger → 3.3.2 abwischen, begleichen
épousseter → 3.3.7 Staub wischen
éprendre (s'… de) + être → 6.33 + 7 sich verlieben
équivaloir à → 6.43 entsprechen, gleich sein
espacer → 3.3.1 auseinander setzen
espérer → 3.3.11 hoffen
essayer → 3.3.3 versuchen
essuyer → 3.3.4 abwischen, trocknen
estropier → 3.2 verstümmeln
établir → 4.1 einrichten, errichten
étayer → 3.3.3 stützen
éteindre → 6.4 aus-, abschalten, löschen
étendre → 5.1 hinlegen, ausrollen, bestreichen
éternuer → 3.1 niesen
étinceler → 3.3.9 glitzern, funkeln, blitzen, blinken
étiqueter → 3.3.7 etikettieren, abstempeln
étourdir → 4.1 betäuben, (halb) taub machen
être → 1.2 sein
étreindre → 6.4 umarmen, umklammern, packen
étudier → 3.2 lernen, studieren, untersuchen
évacuer → 3.1 (zwangs)räumen, evakuieren
évader (s'…) + être → 7 fliehen, ausbrechen
évaluer → 3.1 einschätzen
évanouir (s') + être → 4.1 + 7 ohnmächtig werden
exagérer → 3.3.11 übertreiben
exaucer → 3.3.1 erfüllen, erhören
excéder → 3.3.11 überschreiten, übersteigen
exclure → 6.8 ausschließen, verwerfen
excuser → 3.1 entschuldigen
exécrer → 3.3.11 verabscheuen
exercer → 3.3.1 ausüben, üben
exiger → 3.3.2 verlangen, fordern

exonérer → 3.3.11 (von Steuern) befreien
expédier → 3.2 versenden, (ab)schicken
expier → 3.2 büßen
exproprier → 3.2 enteignen
expurger → 3.3.2 zensieren, purgieren
extasier (s'... de) + être → 3.2 + 7 in Verzückung geraten
extraire, def. → 10.6 herausholen, fördern, gewinnen

F

faiblir → 4.1 schwächer werden, nachlassen
faillir, def. → 10.9 beinahe etwas tun
faire → 6.19 machen, tun
falloir, unpers. → 9.1 brauchen, müssen
falsifier → 3.2 verfälschen, verdrehen
farcir → 4.1 füllen, farcieren, vollstopfen
fatiguer (*gu* bei allen Formen) → 3.1 (über)anstrengen, ermüden
fédérer → 3.3.11 vereinigen, zusammenschließen
feindre → 6.4 vortäuschen, heucheln
fendre → 5.1 spalten
festoyer → 3.3.5 schlemmen
feuilleter → 3.3.7 (durch)blättern, überfliegen
fiancer → 3.3.1 verloben
ficeler → 3.3.9 verschnüren, umwickeln
fier (se ... à) + être → 3.2 + 7 vertrauen, sich verlassen auf
figer → 3.3.2 fest werden lassen, erstarren lassen
financer → 3.3.1 finanzieren
finir → 4.1 beenden, abschließen
flamboyer → 3.3.5 (auf)lodern, glühen, leuchten
flécher → 3.3.11 mit Pfeilen markieren
fléchir → 4.1 beugen, erweichen
flétrir → 4.1 (ver)welken lassen, beflecken
fleurir → 4.1 blühen
foncer → 3.3.1 dunkler machen, auf etwas zurasen
fondre → 5.1 schmelzen
forcer → 3.3.1 zwingen, aufbrechen
forger → 3.3.2 schmieden, erfinden
fortifier → 3.2 kräftigen, stärken, festigen
foudroyer → 3.3.5 vom Blitz getroffen werden
fournir → 4.1 beliefern, versorgen, beschaffen
fourvoyer → 3.3.5 in die Irre führen
fraîchir → 4.1 (sich) abkühlen, auffrischen
franchir → 4.1 überschreiten, über etwas treten
frayer → 3.3.3 (einen Weg) bahnen
frémir → 4.1 erschauern, zittern
frire, def. → 10.10 etwas braten, etwas frittieren
froncer → 3.3.1 raffen, hochziehen
fructifier → 3.2 Früchte tragen, Gewinn bringen
fuir → 6.20 fliehen
fustiger → 3.3.2 geißeln

G

gager → 3.3.2 wetten
galérer → 3.3.11 sich abstrampeln, hart arbeiten
garantir → 4.1 garantieren
garnir de → 4.1 schmücken, beziehen, auskleiden
gaspiller → 3.1 verschwenden
gazéifier → 3.2 mit Kohlensäure anreichern
geindre → 6.4 stöhnen, wimmern
geler → 3.3.8 gefrieren / erfrieren lassen
gémir → 4.1 stöhnen, jammern
générer → 3.3.11 erzeugen, schaffen
gercer → 3.3.1 rissig machen / werden
gérer → 3.3.11 leiten, führen, verwalten, wirtschaften
gésir, def. → 10.11 liegen
glacer → 3.3.1 gefrieren lassen, zu Eis erstarren lassen

glorifier → 3.2 rühmen, ehren, verherrlichen, preisen
gracier → 3.2 begnadigen
grandir → 4.1 größer werden
gratifier → 3.2 gewähren, zukommen lassen
graver → 3.1 einritzen, brennen (z. B. CD)
gravir → 4.1 klettern, erklimmen
grever → 3.3.8 belasten
grillager → 3.3.2 vergittern, einzäunen
grimacer → 3.3.1 das Gesicht verziehen
grincer → 3.3.1 quietschen, knarren
grossir → 4.1 zunehmen, dicker werden
gruger → 3.3.2 betrügen, ausnehmen
guérir → 4.1 heilen, kurieren
guerroyer → 3.3.5 Krieg führen gegen

H

haïr → 4.2 hassen
haleter → 3.3.6 keuchen, hecheln
harceler → 3.3.8 bedrängen, belästigen
héberger → 3.3.2 beherbergen, unterbringen
héler → 3.3.11 (herbei)rufen, herbeiwinken
hériter de → 3.1 erben
hennir → 4.1 wiehern
hoqueter → 3.3.7 Schluckauf haben, schluchzen
horrifier → 3.2 entsetzen
humidifier → 3.2 an-, befeuchten
humilier → 3.2 demütigen
hypothéquer → 3.3.11 mit einer Hypothek belasten

I

identifier à → 3.2 identifizieren
immerger → 3.3.2 unter Wasser verlegen, versenken
immiscer (s') + être → 3.3.1 + 7 sich einmischen
impartir, def. (Infinitiv, Indikativ Präsens, Partizip Perfekt und zusammengesetze Zeiten) → 4.1 zur Verfügung stehen
incarcérer → 3.3.11 inhaftieren
incendier → 3.2 in Brand setzen
incinérer → 3.3.11 verbrennen, einäschern
inclure (Partizip Perfekt auf *-s: inclus*) → 6.8 beinhalten
incomber à, def. (Infinitiv und 3. Person) → 3.1 zufallen, obliegen
indifférer → 3.3.11 gleichgültig lassen
induire → 6.35 verleiten, etwas zu tun
infléchir → 4.1 modifizieren, verändern
infliger → 3.3.2 zufügen, auferlegen
influencer → 3.3.1 beeinflussen
ingénier (s'...) + être → 3.2 + 7 sich bemühen
ingérer → 3.3.11 einnehmen
ingérer (s'... dans) + être → 3.3.11 + 7 sich einmischen
initier à → 3.2 sich einmischen
injurier → 3.2 beschimpfen
inquiéter → 3.3.11 beunruhigen, Sorgen machen
inscrire → 6.16 aufschreiben
inscrire (s') + être → 6.16 + 7 sich anmelden
insérer → 3.3.11 einfügen
instruire → 6.35 belehren, unterrichten
insurger (s'... contre) + être → 3.3.2 + 7 sich auflehnen, protestieren
intégrer → 3.3.11 integrieren, übernehmen
intensifier → 3.2 verstärken
intercéder → 3.3.11 sich einsetzen
interdire → 6.32 verbieten
interférer → 3.3.11 sich gegenseitig behindern
interpeller → 3.3.10 zurufen, vorläufig festnehmen
interpénétrer (s') + être → 3.3.11 + 7 sich durchdringen
interpréter → 3.3.11 interpretieren

interroger → 3.3.2 befragen, vernehmen, abfragen
interrompre → 5.2 unterbrechen
intervenir + être → 6.44 eingreifen, einmischen
intervertir → 4.1 umstellen, tauschen
introduire → 6.35 einführen
inventorier → 3.2 inventarisieren
invertir → 4.1 umstellen, ins Gegenteil verkehren
investir → 4.1 investieren
irradier → 3.2 ausstrahlen

J

jaillir → 4.1 emporschießen, herausströmen
jauger → 3.3.2 messen, schätzen
jaunir → 4.1 gelb werden, vergilben
jeter → 3.3.7 werfen, wegwerfen
joindre à → 6.21 zusammen fügen, beifügen
joindre (se … à) + être → 6.21 + 7 sich anschließen
jouir de → 4.1 genießen
juger → 3.3.2 entscheiden, verurteilen
jumeler → 3.3.9 zu Partnerstädten machen
justifier → 3.2 rechtfertigen, bestätigen

K

kilométrer → 3.3.11 Kilometer zählen

L

lacer → 3.3.1 binden, schnüren
lacérer → 3.3.11 zerreißen
lancer → 3.3.1 werfen
languir après → 4.1 schmachten
larmoyer → 3.3.5 tränen, weinerlich sein
lécher → 3.3.11 lecken
légiférer → 3.3.11 Gesetze erlassen
léguer (*gu* bei allen Formen) → 3.3.11 jemandem etwas vermachen
léser → 3.3.11 benachteiligen
lever → 3.3.8 (hoch)heben, hochziehen
lever (se) + être → 7 aufstehen
libérer → 3.3.11 befreien
licencier → 3.2 entlassen
lier → 3.2 (zusammen)binden
limoger → 3.3.2 strafversetzen, entlassen
liquéfier → 3.2 verflüssigen, schmelzen
lire → 6.22 lesen
loger → 3.3.2 wohnen, übernachten, unterbringen
longer → 3.3.2 entlanglaufen, -führen, -fließen
lubrifier → 3.2 schmieren
luire → 6.27 scheinen, leuchten

M

macérer → 3.3.11 in etwas eingelegt sein
magnifier → 3.2 verherrlichen, preisen
maigrir → 4.1 abnehmen
maintenir → 6.44 aufrechterhalten, beibehalten
malmener → 3.3.8 schlecht behandeln, kritisieren
manager → 3.3.2 managen
manger → 3.3.2 essen
manier → 3.2 handhaben
manigancer → 3.3.1 aushecken
marier → 3.2 verheiraten
marier (se … avec) + être → 3.2 + 7 heiraten
marteler → 3.3.8 hämmern, einschlagen auf
maudire (Partizip Perfekt auf *-t*: *maudit*) → 4.1 verfluchen
maugréer (Partizip Perfekt auf *-éé*) → 3.1 vor sich hin schimpfen
méconnaître → 6.9 verkennen
médire de → 6.32 lästern, schlecht reden von
méfier (se … de) + être → 3.2 + 7 misstrauen, nicht trauen
méjuger de → 3.3.2 verkennen, unterschätzen

mélanger → 3.3.2 mischen, durcheinander bringen
menacer → 3.3.1 (be)drohen, gefährden
ménager → 3.3.2 schonen
mendier → 3.2 betteln
mener → 3.3.8 führen, leiten
mentir → 4.3 lügen
méprendre (se ... sur) + être → 6.33 + 7 sich täuschen, missverstehen
mettre → 6.23 (hin)tun, stellen, setzen, legen
meurtrir → 4.1 verletzten
mincir → 4.1 dünner werden
modeler → 3.3.8 formen, modellieren
modifier → 3.2 ändern, modifizieren
moisir → 4.1 verschimmeln
mollir → 4.1 nachgeben, weich werden
momifier → 3.2 mumifizieren
monnayer → 3.3.3 zu Geld machen
monter + être / avoir → 3.1 hinaufgehen / hinauftragen
moquer (se ... de) + être → 3.1 + 7 sich lustig machen über
morceler → 3.3.9 zerstückeln, aufteilen
mordre → 5.1 beißen
morfondre (se) + être → 5.1 + 7 bedrückt sein
morigéner → 3.3.11 schelten, zurechtweisen
mortifier → 3.2 kränken, demütigen
moudre → 6.24 mahlen
mourir + être → 6.25 sterben
mouvoir (Partizip Perfekt: *mû / mue*) → 6.17 bewegen
mugir → 4.1 muhen, brüllen, heulen
multiplier → 3.2 multiplizieren, vervielfachen
munir de → 4.1 versehen mit, ausstatten
mûrir → 4.1 reifen
museler → 3.3.9 einen Maulkorb anlegen
mystifier → 3.2 täuschen
mythifier → 3.2 verherrlichen

N

nager → 3.3.2 schwimmen
naître + être → 6.26 geboren werden
négliger → 3.3.2 vernachlässigen, versäumen
négocier → 3.2 verhandeln, aushandeln
neiger → 3.3.2 schneien
nettoyer → 3.3.5 putzen, reinigen
nier → 3.2 leugnen, bestreiten
niveler → 3.3.9 nivellieren, einebnen
noircir → 4.1 schwärzen, schmutzig machen
notifier → 3.2 mitteilen, benachrichtigen
nourrir de → 4.1 ernähren, füttern
noyauter → 3.1 unterwandern
noyer → 3.3.5 ertränken, ertrinken, überschwemmen
nuancer → 3.3.1 differenzieren, nuancieren
nuire à → 6.27 schaden

O

obéir à → 4.1 gehorchen, befolgen
obliger → 3.3.2 zwingen
oblitérer → 3.3.11 (ab)stempeln, verschließen (Wunde)
obscurcir → 4.1 verdunkeln, verfinstern
obséder → 3.3.11 verfolgen, keine Ruhe lassen
obstiner (s') + être → 7 stur bleiben, beharren auf
obtempérer → 3.3.11 gehorchen, befolgen
obtenir → 6.44 erhalten, erreichen
octroyer → 3.3.5 bewilligen, gewähren
offrir → 6.28 schenken, anbieten
oindre, def. (vor allem Infinitiv und Partizip Perfekt: *oint*) → 6.21 salben
omettre → 6.23 unterlassen, vergessen
ondoyer → 3.3.5 wogen, wallen
opérer → 3.3.11 operieren
orthographier → 3.2 richtig schreiben

oublier → 3.2 vergessen
ouïr → 6.29 hören
outrager → 3.3.2 beleidigen
ouvrir → 6.28 öffnen, aufmachen, aufschließen
oxygéner → 3.3.11 bleichen, frische Luft tanken

P

pacifier → 3.2 befrieden
pagayer → 3.3.3 paddeln
paître, def. → 10.12 weiden, grasen
pâlir → 4.1 erblassen
pallier → 3.2 Abhilfe schaffen, ausgleichen
paraître → 6.9 scheinen, erscheinen
parcourir → 6.11 zurücklegen, durchlaufen, überfliegen
parier → 3.2 wetten
parler à → 3.1 sprechen
parodier → 3.2 parodieren, nachmachen, wiedergeben
parsemer → 3.3.8 betreuen, verstreut sein, bedecken
partager → 3.3.2 (auf)teilen
partir + être → 4.3 weggehen, abfahren, abreisen,
parvenir + être → 6.44 gelangen, erreichen
pâtir → 4.1 unter etwas leiden
payer → 3.3.3 (be)zahlen, entlohnen
peindre → 6.4 malen
peler → 3.3.8 schälen, pellen
pendre → 5.1 herunterhängen, aufhängen
pénétrer → 3.3.11 in etwas hineingehen, eindringen
percer → 3.3.1 ein Loch bohren, durchkommen
percevoir → 6.36 wahrnehmen, vernehmen, bekommen
perdre → 5.1 verlieren, auslaufen, undicht sein
périr → 4.1 ums Leben kommen, eingehen
permettre → 6.23 gestatten, erlauben
perpétrer → 3.3.11 begehen, verüben
persévérer → 3.3.11 durchhalten, nicht aufgeben
personnifier → 3.2 verkörpern, personifizieren
pervertir → 4.1 verderben, pervertieren, stören
peser → 3.3.8 (ab)wiegen, abwägen, schwer sein
pétrifier → 3.2 versteinern, erstarren lassen
pétrir → 4.1 kneten, formen, prägen
piéger → 3.3.14 mit einer Falle fangen
pincer → 3.3.1 zwicken, kneifen
placer → 3.3.1 irgendwohin stellen, platzieren
plagier → 3.3.14 plagiieren
plaindre → 6.12 bedauern
plaindre (se ... de) + être → 6.12 + 7 klagen über
plaire à → 6.30 jemandem gefallen, Gefallen an etwas finden
planifier → 3.2 einen Plan aufstellen
plastifier → 3.2 plastifizieren
pleuvoir, unpers. → 9.2 regnen
plier → 3.2 (zusammen)falten, umknicken, biegen
plonger → 3.3.2 tauchen, einen Kopfsprung machen
ployer → 3.3.5 biegen, beugen
poindre, def. → 10.13 zum Vorschein kommen
polir → 4.1 schleifen, polieren
polycopier → 3.2 vervielfältigen, abziehen
pondre → 5.1 legen (Huhn)
pontifier → 3.2 belehren, dozieren
posséder → 3.3.11 besitzen, verfügen, beherrschen
pourrir → 4.1 verfaulen, verwesen, verkommen
poursuivre → 6.40 verfolgen, streben
pourvoir → 6.31 ausstatten, verleihen
pouvoir → 2.2 können, dürfen
précéder → 3.3.11 vorangehen, sich vor etwas befinden
prédire → 6.32 vorhersagen, voraussagen

préférer → 3.3.11 bevorzugen, vorziehen
préfinancer → 3.3.1 vorfinanzieren
prélever → 3.3.8 abzweigen, abziehen
prémunir → 4.1 schützen
prendre → 6.33 nehmen
présager → 3.3.2 ankündigen
prescrire → 6.16 vorschreiben, verordnen
pressentir → 4.3 vorausahnen
prétendre → 5.1 behaupten
prévaloir (*subjonctif présent: que je prévale*) → 6.43 maßgebend sein, vorherrschen
prévenir → 6.44 benachrichtigen, verständigen
prévoir → 6.34 voraussehen, vorhersehen
prier → 3.2 beten, bitten
privilégier → 3.2 begünstigen, bevorzugen
procéder à → 3.3.11 vorgehen, verfahren
procréer (Partizip Perfekt auf *-éé* / feminine Form auf *-éée*) → 3.1 zeugen
produire → 6.35 produzieren, herstellen
proférer → 3.3.11 äußern, hervorbringen
projeter → 3.3.7 planen, herausschleudern
proliférer → 3.3.11 sich stark vermehren, wuchern
prolonger → 3.3.2 verlängern, weiterführen
promener → 3.3.8 spazieren führen
promener (se) + être → 3.3.8 + 7 spazieren gehen
promettre → 6.23 versprechen
promouvoir → 6.17 fördern, unterstützen
prononcer → 3.3.1 aussprechen, äußern
propager → 3.3.2 verbreiten, propagieren
proroger → 3.3.2 verlängern, aufschieben
proscrire → 6.16 untersagen, verbannen, ächten
prospérer → 3.3.11 gedeihen, florieren
protéger → 3.3.14 schützen
provenir + être → 6.44 von etwas kommen, stammen
publier → 3.2 veröffentlichen
punir → 4.1 bestrafen
purger → 3.3.2 entleeren, entlüften, reinigen
purifier → 3.2 reinigen, läutern
putréfier → 3.2 zersetzen, verwesen lassen

Q

qualifier → 3.2 bezeichnen, bewerten
quantifier → 3.2 in Zahlen fassen
quérir, def. → 10.14 holen gehen

R

rabattre → 6.5 herunterklappen
rabattre (se ... sur) + être → 6.5 + 7 sich begnügen mit
raccourcir → 4.1 kürzen, stutzen, kürzer werden
radier → 3.2 streichen, ausschließen
radiographier → 3.2 röntgen
radoucir → 4.1 besänftigen, mildern
raffermir → 4.1 stärken, kräftigen
rafraîchir → 4.1 (ab)kühlen, erfrischen
raidir → 4.1 anspannen, versteifen
rajeunir → 4.1 verjüngen
ralentir → 4.1 verlangsamen
rallier → 3.2 vereinen, sich anschließen
rallonger → 3.3.2 verlängern
ramener → 3.3.8 zurückbringen, zurückführen
ramollir → 4.1 weich werden
ranger → 3.3.2 aufräumen, ordnen
rapiécer → 3.3.13 flicken
rappeler → 3.3.9 zurückrufen, erinnern
raréfier → 3.2 seltener werden lassen
rassasier → 3.2 stillen

rasseoir → 6.3 wieder hinsetzen, neu festigen
ratifier → 3.2 ratifizieren, bestätigen, genehmigen
ravager → 3.3.2 verwüsten, vernichten
ravir → 4.1 begeistern, rauben
rayer → 3.3.3 zerkratzen, durchstreichen
rayonner → 3.3.5 strahlen, sich auswirken
réagir à → 4.1 reagieren auf
réapparaître + être / avoir → 6.9 wieder auftauchen
rebondir → 4.1 springen (Ball), wieder aktuell werden
receler → 3.3.8 (ver)bergen
recevoir → 6.36 erhalten, bekommen, empfangen
réconcilier → 3.2 versöhnen
reconnaître → 6.9 erkennen
recopier → 3.2 abschreiben, ins Reine schreiben
recourir à → 6.11 von etwas Gebrauch machen
recouvrir → 6.28 bedecken, beziehen
récrier (se) + être → 3.2 + 7 protestieren
rectifier → 3.2 berichtigen, verbessern, begradigen
recueillir → 6.1 aufnehmen
rédiger → 3.3.2 verfassen, schreiben
réduire → 6.35 reduzieren
refaire → 6.19 noch einmal machen
référencer → 3.3.1 mit Quellenangaben versehen, belegen
référer à → 3.3.11 weiterleiten
référer (se ... à) + être → 3.3.11+7 sich beziehen auf
réfléchir à → 4.1 nachdenken
refléter → 3.3.11 widerspiegeln
refréner → 3.3.11 bremsen, zügeln
refroidir → 4.1 kalt werden, kalt werden lassen
réfugier (se) + être → 3.3.14+7 sich flüchten
régir → 4.1 bestimmen, regeln
régler → 3.3.11 regeln, regulieren
régner → 3.3.11 herrschen, regieren
regorger → 3.3.2 im Überfluss haben
rejeter → 3.3.7 verwerfen, ablehnen
rejoindre → 6.21 einholen, treffen
réjouir → 4.1 erfreuen
relayer → 3.3.3 ablösen
relier → 3.2 verbinden
reluire → 6.27 glänzen
remanier → 3.2 umändern, modifizieren
remblayer → 3.3.3 aufschütten
rembrunir (se) + être → 4.1 + 7 sich verfinstern
remédier à → 3.2 Abhilfe schaffen, beheben
remercier de / pour → 3.2 sich bedanken für
remplacer → 3.3.1 ersetzen, vertreten
remplir → 4.1 füllen
rémunérer → 3.3.11 vergüten
renchérir → 4.1 teurer machen, überbieten
rendre → 5.1 zurückgeben
rendre (se) + être → 5.1 + 7 irgendwohin gehen, sich ergeben
renforcer → 3.3.1 verstärken
rengorger (se) + être → 3.3.2 + 7 sich aufplustern
renier → 3.2 verleugnen
renoncer à → 3.3.1 verzichten
renouveler → 3.3.9 erneuern
renvoyer → 6.18 zurückschicken, entlassen
répandre → 5.1 verbreiten
répartir → 4.1 verteilen, aufteilen
repentir (se ... de) + être → 4.3 + 7 etwas bereuen
repérer → 3.3.11 erkunden, ausfindig machen
répertorier → 3.2 in ein Verzeichnis aufnehmen
répéter → 3.3.11 wiederholen
répondre → 5.1 antworten
reproduire → 6.35 reproduzieren
répudier → 3.2 verstoßen
requérir → 6.2 erfordern
résilier → 3.2 kündigen (Vertrag)
résoudre → 6.37 lösen
résoudre (se ... à) + être → 6.37 + 7 sich entschließen

ressentir → 4.3 empfinden
ressourcer (se) + être → 3.3.1 + 7 neue Kraft schöpfen
rester + être → 3.1 bleiben
restituer → 3.1 zurückgeben, wiedergeben
restreindre → 6.4 einschränken, verringern
rétablir → 4.1 wiederherstellen
retenir → 6.45 behalten, zurückhalten
retentir → 4.1 ertönen, erklingen
rétrécir → 4.1 verengen, einlaufen
rétribuer → 3.1 entlohnen
réunir → 4.1 vereinigen, versammeln
réussir à → 4.1 Erfolg haben, es schaffen
revaloir, def. (Infinitiv, Futur und ***conditionnel présent***) → 6.43 sich erkenntlich zeigen, heimzahlen
révéler → 3.3.11 aufdecken, aufzeigen, verraten
revenir + être → 6.44 zurückkommen
révérer → 3.3.11 verehren
revêtir → 6.45 anziehen, annehmen
revivre → 6.46 wieder aufleben
revoir → 6.47 wiedersehen, sich noch einmal ansehen
rincer → 3.3.1 spülen, ausspülen
rire → 6.38 lachen
rompre → 5.2 brechen, abbrechen
ronger → 3.3.2 nagen
rosir → 4.1 sich rosa färben
rôtir → 4.1 braten
rougeoyer → 3.3.5 rot glühen, sich rot färben
rougir → 4.1 rot werden
rouvrir → 6.28 wieder öffnen
rudoyer → 3.3.5 mit jemandem hart umgehen
rugir → 4.1 brüllen
ruisseler → 3.3.9 rinnen, tropfen

S

saccager → 3.3.2 verwüsten, vernichten, plündern
sacrifier → 3.2 opfern
saigner → 3.1 bluten
saisir → 4.1 packen, fassen
salir → 4.1 schmutzig machen
satisfaire → 6.19 befriedigen, zufrieden stellen
savoir → 2.3 wissen, erfahren haben, können
scier → 3.2 sägen
sécher → 3.3.11 (ab)trocknen
secourir → 6.11 Hilfe leisten
séduire → 6.35 verführen
semer → 3.3.8 säen
sentir → 4.3 riechen, spüren
seoir, def. → 10.15 sich ziemen, gut stehen
sertir → 4.1 fassen, einarbeiten
servir → 4.3 nutzen, servieren
sévir → 4.1 durchgreifen
siéger → 3.3.14 tagen, seinen Sitz haben
simplifier → 3.2 vereinfachen
soigner → 3.1 pflegen, sich kümmern
songer → 3.3.2 nachdenken, bedenken
sortir + avoir / être → 4.3 hinausgehen, -tragen, verlassen, weggehen
soucier (se ... de) + être → 3.2 + 7 sich kümmern, sich sorgen
soudoyer → 3.3.5 bestechen
souffrir → 6.28 leiden, Schmerzen haben
soulager → 3.3.2 erleichtern, entlasten
soulever → 3.3.8 (hoch)heben, anheben
soumettre → 6.23 unterwerfen, unterbreiten
soupeser → 3.3.8 mit der Hand abwiegen, abwägen
sourire → 6.38 lächeln
souscrire → 6.16 spenden, zustimmen
soustraire, def. → 10.6 subtrahieren, abziehen
soutenir → 6.44 stützen, behaupten
souvenir (se ... de) + être → 6.44 + 7 sich erinnern
spécifier → 3.2 genau angeben / festlegen
subir → 4.1 erleiden, erdulden, erliegen

submerger → 3.3.2 unter Wasser setzen, überschwemmen
subvenir à → 6.44 für etwas aufkommen
succéder à → 3.3.11 folgen, die Nachfolge antreten
sucer → 3.3.1 lutschen
suffire à → 6.39 genügen, reichen
suicider (se) + être → 7 sich umbringen
suivre → 6.40 (ver)folgen
suppléer à (Partizip Perfekt auf *-éé*) → 3.1 vertreten, ersetzen
supplier → 3.2 anflehen
surgeler → 3.3.8 tiefkühlen, tiefgefrieren
surgir → 4.1 auftauchen, herausquellen
surmener → 3.3.8 überlasten
surpayer → 3.3.3 überbezahlen
surprendre → 6.33 überraschen, ertappen
survenir + être → 6.44 sich plötzlich ereignen
survivre à → 6.46 überleben
suspendre → 5.1 aufhängen, unterbrechen

T

taire → 6.30 verschweigen
tapir (se) + être → 4.1 + 7 sich verkriechen
tarir → 4.1 austrocknen
teindre → 6.4 färben
télécharger → 3.3.2 herunterladen, downloaden
télécommander → 3.1 fernsteuern
télégraphier → 3.2 telegrafieren
téléguider → 3.1 fernlenken
tempérer → 3.3.11 lindern, zügeln
tendre → 5.1 spannen, ausstrecken, reichen
tenir → 6.44 halten, führen
ternir → 4.1 trüben
terrifier → 3.2 in Angst und Schrecken versetzen
tiédir → 4.1 lauwarm werden
titulariser → 3.1 verbeamten, ernennen zu
tolérer → 3.3.11 dulden, zulassen
tomber + être / avoir → 3.1 fallen / fallen lassen
tondre → 5.1 scheren, kurz schneiden, mähen
tonifier → 3.2 stärken, beleben
tordre → 5.1 verdrehen, verzerren
tournoyer → 3.3.5 herumwirbeln
tracer → 3.3.1 zeichnen, skizzieren
traduire → 6.35 übersetzen
trahir → 4.1 verraten
traîner → 4.1 ziehen, schleppen, herumlungern
traire, def. → 10.6 melken
transcrire → 6.16 übertragen, abschreiben
transférer → 3.3.11 übertragen
transiger → 3.3.2 einen Vergleich schließen
transmettre → 6.23 weitergeben, weiterleiten
transparaître → 6.9 durchscheinen
transpercer → 3.3.1 durchbohren, durchdringen
travestir → 4.1 fälschen, verkleiden
tressaillir → 6.41 zusammenzucken
trier → 3.2 sortieren
tuméfier → 3.2 anschwellen lassen
tutoyer → 3.3.5 duzen

U

ulcérer → 3.3.11 tief kränken
unifier → 3.2 vereinen, zusammenschließen
unir → 4.1 vereinigen, verbinden
urger → 3.3.2 eilen
utiliser → 3.1 benutzen, verwenden

V

vaincre → 6.42 (be)siegen
valoir → 6.43 kosten, wert sein
varier → 3.2 sich ändern, wechseln
végéter → 3.3.11 kümmerlich wachsen, stagnieren
véhiculer → 3.1 übermitteln

vendanger → 3.3.2 Trauben lesen
vendre → 5.1 verkaufen
vénérer → 3.3.11 verehren, in Ehren halten
venger → 3.3.2 rächen
venir + être → 6.44 kommen
verdir → 4.1 grün werden, grünen
vérifier → 3.2 prüfen, nachschlagen
vernir → 4.1 firnissen
vêtir (se ... de) + être → 6.45 + 7 sich kleiden
vidanger → 3.3.2 entleeren, Ölwechsel machen
vieillir → 4.1 alt werden
vinifier → 3.2 keltern
vitrifier → 3.2 versiegeln
vivre → 6.46 leben
vociférer → 3.3.11 schreien, lautstark protestieren
voir → 6.47 sehen
voleter → 3.3.7 flattern, umherfliegen
voltiger → 3.3.2 herumfliegen
vomir → 4.1 erbrechen
vouer à → 3.1 bestimmen zu, widmen
vouloir → 2.4 wollen
voussoyer → 3.3.5 siezen
vouvoyer → 3.3.5 siezen
voyager → 3.3.2 reisen
vrombir → 4.1 brummen

Z

zapper → 3.1 zappen
zézayer → 3.3.3 lispeln
zigzaguer (*gu* bei allen Formen) → 3.1 im Zickzack gehen / fahren
zoner → 3.1 gammeln, wohnen
zoomer → 3.1 zoomen